Nuestro Futuro al Descubierto Agenda 2030-2050

¡Se Filtran Secretos Globalistas del NWO y del WEF!

El Gran Reset - Crisis Económica - Escasez Mundial

Rebel Press Media

Descargo de responsabilidad

Este documento pretende proporcionar información exacta y fiable en relación con el tema y la cuestión tratados. La publicación se vende con la idea de que el editor no está obligado a prestar servicios contables, oficialmente permitidos o de otro tipo, calificados. En caso de que sea necesario un asesoramiento, legal o profesional, se debe solicitar a una persona con experiencia en la profesión - de una Declaración de Principios que fue aceptada y aprobada igualmente por un Comité de la Asociación de Abogados de Estados Unidos y un Comité de los Editores y Asociaciones.

La presentación de la información es sin contrato ni ningún tipo de garantía. Las marcas comerciales que se utilizan son sin ningún tipo de consentimiento, y la publicación de la marca comercial es sin el permiso o el respaldo del propietario de la marca. Todas las marcas comerciales y marcas dentro de este libro son sólo para fines de aclaración y son propiedad de los propios propietarios, no afiliados a este documento. No fomentamos ningún tipo de abuso de sustancias y no nos hacemos responsables de la participación en actividades ilegales.

¿Sacrificio de Vax?

Matanza de vacunas en la UE, también entre los jóvenes: 38.000 muertos y 1,6 millones de personas con graves daños a la salud

A pesar de que la base de datos oficial europea EudraVigilance refleja históricamente sólo el 6% del número real de víctimas de la vacuna, las cifras oficiales después de aproximadamente 1 año de "vacunación" contra el "Covid-19" son nada menos que escalofriantes: 37.927 muertes y 3.392.632 personas con daños en la salud, de los cuales aproximadamente la mitad (más de 1,6 millones) son graves/permanentes (como enfermedades del corazón, trombosis, trastornos autoinmunes, sordera, ceguera, defectos de nacimiento, muerte). Las personas más jóvenes e incluso los niños, en particular, caen en gran número. Los efectos secundarios y las consecuencias, en su mayoría graves -por ejemplo, sólo en los Países Bajos, Bélgica y (el antiguo Estado de la UE) Gran Bretaña hay 50.000 informes de mujeres y niñas con trastornos menstruales-, se minimizan invariablemente. La política y los medios de comunicación siguen perpetuando el culto al (auto)asesinato que ellos mismos iniciaron al seguir promoviendo e imponiendo a diario estas inyecciones que ponen en peligro la vida.

Las cifras del 15 de enero de los cuatro mayores fabricantes, muestran que la vacuna AstraZeneca da el mayor riesgo de efectos secundarios graves, y la vacuna

Moderna es la más letal. Numéricamente, la vacuna de Pfizer es la que causa más víctimas.

Varios estudios en profundidad de las estadísticas revelaron el año pasado que la UE representaba aproximadamente el 21% del número de informes, lo que equivaldría a 7964 compatriotas muertos y 712.453 personas con reacciones adversas, de las cuales 338.399 con daños graves para la salud. Así pues, el número de muertes por la vacuna Covid equivaldría a un año de gripe, y el número de personas con daños graves para la salud supondría, en conjunto, la quinta ciudad del país.

Consiga una calculadora para ver cuáles serían las cifras si se tiene en cuenta el 6% de las cifras reales mencionadas anteriormente. ¿Quizás el supuestamente "misterioso" exceso de mortalidad en la UE en los últimos meses, el más alto desde la Segunda Guerra Mundial, proviene de un ángulo que la política y los medios de comunicación aún no se permiten nombrar? No importa que en todas partes las víctimas sean cada vez más jóvenes:

* En Portugal, donde el 90,2% de la población se ha inyectado, un niño de 6 años ha muerto, apenas unos días después de su primera inyección de Pfizer. Las autoridades reconocen la sospecha de una grave reacción;

Índice de contenidos

¿Crisis en Europa?

Tras el fracaso de las conversaciones entre Estados
Unidos y Rusia en Ginebra ayer, la crisis de Ucrania se
intensifica. 200 trenes de mercancías, cada uno con 50
vagones de material militar, están de camino de Rusia a
Bielorrusia, o ya han llegado allí. La Casa Blanca va a
intensificar la ayuda militar al régimen de Kiev, como el
suministro de helicópteros Mi-17, y está estudiando
opciones para reforzar la fuerza estadounidense en
Europa del Este. La República Checa va a suministrar
proyectiles de artillería a Ucrania. Rusia, por su parte,
advierte de "las más graves consecuencias" si Estados
Unidos/OTAN siguen negándose a cumplir las exigencias
de seguridad del Kremlin, como el cumplimiento de las
promesas realizadas, en particular la de no incluir a
Ucrania en la OTAN.

El presentador de radio estadounidense Hall Turner
cree que puede quedar sólo una semana para evitar la
guerra con Rusia. Esto se debe a que en ese momento
expirará el ultimátum de los rusos a la OTAN para que
responda por escrito a las garantías de seguridad que
quiere Moscú. Mientras tanto, la OTAN está enviando
grandes cantidades de armas a Ucrania. Anteriormente,
los norteamericanos habían estacionado unos 1.000
tanques y muchas docenas de F-15 y F'16 en Rumanía y
otros países de Europa del Este.

Cualquiera con medio cerebro funcional puede ver a
dónde va esto: BOEM. Y tendremos que culparnos a
nosotros mismos porque no hemos mantenido a

nuestros propios gobiernos bajo control", escribe Turner. Si los ciudadanos de Estados Unidos y de Europa Occidental no inundan a sus representantes elegidos con llamadas telefónicas, cartas y correos electrónicos para detener esta tontería, podríamos caer a plomo en el abismo".

Ayer por la tarde (hora local), el Mando de las Fuerzas Aéreas de Estados Unidos envió 20 mensajes de ultra prioridad en cuestión de horas. Esto equivale a "deja de hacer lo que estás haciendo ahora, y ve a hacer esto o aquello". Este sistema de comunicación se utiliza para activar las fuerzas nucleares y ponerlas en un alto estado de preparación.

Así es como podría ocurrir la tercera guerra mundial

Basándose, entre otras cosas, en sus contactos con analistas de inteligencia, Turner describe un escenario de cómo podría estallar la Tercera Guerra Mundial. Según él, podría comenzar con una operación militar rusa en Ucrania (posiblemente destinada a proteger a la población rusa de los bombardeos regulares del ejército ucraniano, y/o de una operación de "liberación" de De Krim, dirigida o no por EE.UU./OTAN). Entonces Polonia acude al rescate y ataca el enclave ruso de Kaliningrado para obligar a los rusos a luchar en dos frentes.

Lituania, Letonia y Estonia se ven obligadas a acudir en ayuda de Polonia atacando a las fuerzas auxiliares rusas que amenazan con cruzar a Kaliningrado desde Bielorrusia. Hungría y Rumanía se unen a la lucha, al igual que Finlandia y Suecia. Rusia debe movilizarse por completo para contraatacar en tantos frentes, y lleva a cabo una invasión total de Ucrania.

Esto amenaza con aplastar a las tropas británicas en Ucrania. Para salvarlas, Boris Johnson ordena un ataque nuclear táctico contra el ejército ruso en Ucrania. Rusia toma represalias con una bomba nuclear sobre el ejército ucraniano, así como sobre Londres. Durante años se ha culpado falsamente a Rusia de todo, así que ciertamente lo es ahora. Después de la destrucción de Londres, los medios de comunicación occidentales piden a gritos una dura intervención de la OTAN. Eso llegará, y la Tercera Guerra Mundial es un hecho.

Occidente es culpable de la crisis actual

Todo comenzó con el golpe de estado del "Maidan" en 2014, dirigido por la CIA/MI6 y respaldado por la UE, contra el presidente democráticamente elegido de Ucrania. Entonces Occidente instaló un régimen títere en Kiev afiliado a grupos neonazis. Con la tragedia del MH17 -ya sea un error de los militares ucranianos o una operación deliberada de falsa bandera para culpar a Rusia- se avivó aún más el fuego anti-Putin de manera extremadamente engañosa y mendaz.

Provocar una guerra con Rusia -el gran escollo del ya planificado y preparado Gran Reset comunista / Golpe de Estado para reconstruir mejor que los regímenes occidentales del FEM (como el de Rutte) están llevando a cabo ahora contra sus propios pueblos- era el principal objetivo desde el principio a medio plazo.

Occidente rompió todas las promesas y garantías a Rusia tras la caída del Muro y el derrumbe del Telón de Acero. Esas garantías permitían que no hubiera guerra entre el Este y el Oeste a finales de la década de 1980, e incluían la no expansión de la OTAN hacia el Este sin el consentimiento de Rusia. Sin embargo, eso es lo que ocurrió de todos modos. De hecho, en la década de 1990, EE.UU. y la OTAN, dirigidos por Bill Clinton, emprendieron una guerra ilegal y sangrienta contra Serbia (que entonces formaba parte de Yugoslavia) sólo porque ésta había seguido siendo aliada de Rusia. Luego, otros aliados de Moscú, como Libia y Siria, también fueron objeto de ataques.

Armstrong: "Putin puede conquistar Europa en un abrir y cerrar de ojos

El economista estadounidense Martin Armstrong escribe que Putin es capaz de "conquistar Europa en un abrir y cerrar de ojos". Pocas veces hemos sido tan débiles, y eso por nuestra propia mano, porque hemos puesto en peligro nuestro suministro estable de energía por el inútil pero carísimo cambio a fuentes "sostenibles" poco fiables. Alemania sólo tendrá gas natural de reserva para algo más de dos semanas cuando Rusia, en represalia por las posibles sanciones económicas más duras con las que ahora amenaza la UE, cierre el grifo del gas.

En un comentario escudado, Armstrong escribe que SI
Rusia y China quieren derrotar militarmente a
Occidente, deberían aprovechar su oportunidad
AHORA. Si aprovechan esta oportunidad única, ese
ataque (de Rusia a Europa y de China a
Taiwán/Japón/Australia, y conjuntamente a Estados
Unidos) debería producirse entre finales de febrero y
finales de marzo.

**Ninguna guerra convencional importante, ¿pero un
ataque nuclear masivo y repentino?**

Mi propio escenario hipotético es diferente al de Turner
o Armstrong. Personalmente, creo que el
estratégicamente brillante Putin no se dejará arrastrar a
una gran guerra convencional con Occidente. Las
movilizaciones masivas de Rusia son, en mi opinión,
sólo una táctica de distracción. Tal vez sus tropas sigan
entrando en combate en Ucrania, pero el verdadero
golpe, en mi opinión, vendrá de los submarinos
nucleares, trasladados silenciosamente a su posición,
que atacarán simultáneamente y destruirán totalmente
a Estados Unidos y Europa (y en el Este a Japón, Taiwán,
Corea del Sur y Australia) de un solo golpe con ayuda de
China.

Y de nuevo: SI esto sucede, la culpa será enteramente
de los insondablemente arrogantes y ahora puramente
mentirosos odiadores de la guerra en Washington,
Bruselas y Londres. Rusia intentó entrar en la OTAN tres
veces, pero Estados Unidos en particular no quiso. El

Pentágono necesitaba enemigos para seguir justificando su monstruoso gasto militar.

Profecía: "Clamarán por la paz, pero obtendrán la destrucción

Ahora los líderes de Estados Unidos y Europa "necesitan" una guerra por otra razón, a saber, para encubrir el hecho de que al apuntalar a los bancos a expensas de la prosperidad de sus propios electores y con sus devastadoras pero totalmente inútiles medidas climáticas y de bloqueo han llevado a la quiebra a sus propias sociedades y economías y las han llevado al borde de la destrucción.

Mientras gritan (en el sentido de "exigir" u "ordenar"): ¡paz y descanso! les sobreviene una destrucción repentina, como las contracciones de una mujer embarazada, y de ninguna manera escaparán'. (1 Tess.5:3. la declaración correcta del texto original. No se describe aquí ninguna condición de 'paz y descanso', sino una 'llamada' a la paz OM, durante un período de gran tensión y temor mundial. (Véase también Lucas 21:25-26 sobre el final de los tiempos: "...en la tierra se extiende un temor desesperado entre los pueblos... y la gente tiembla de miedo y temor por las cosas que vendrán al mundo").

¿Se ha acercado realmente el momento de la realización y el hombre se ha entregado a su implacable impulso de dominación total y/o destrucción total del "otro"? O bien, este mundo demente obtendrá una

(¿última?) prórroga misericordiosa, pero en mi opinión inmerecida.

Un coronel chino advierte a EEUU: Si acude en ayuda de Taiwán, habrá una guerra nuclear total

¿Está a punto de estallar la guerra contra EE.UU./UE/OTAN planeada por Putin desde hace años? Hemos escrito muchas veces que un conflicto militar de este tipo que ponga en peligro la vida podría muy bien comenzar con una operación de "falsa bandera", destinada a echar la culpa a la UE. Y qué decir de la siguiente grave provocación estadounidense: un avión de carga de National Airlines bajo mando militar, que acababa de entregar un cargamento completo de municiones a Kiev, eligió de repente un rumbo completamente diferente tras el despegue, violó el espacio aéreo de Bielorrusia y luego voló cientos de kilómetros a través del espacio aéreo ruso, aproximadamente justo sobre las unidades del ejército ruso que se han reunido para una posible guerra con Ucrania. Cerca de Kazajstán, el avión desapareció del radar de seguimiento de vuelos.

¿Esperaban los rusos derribar el avión de carga, dándoles el pretexto deseado para dar el siguiente paso hacia el inicio de una guerra? Al menos el Kremlin no parece haber caído en esta trampa.

¿Un caza furtivo Su-57 sobrevolando Kiev?

Luego siguió algo aún más notable. En el mismo seguimiento de vuelo, un caza furtivo ruso Su-57 apareció de la nada sobre Kiev. A una altura de sólo 350 metros, la aeronave voló varios kilómetros sobre la ciudad, y luego "desapareció" sin dejar rastro. '

Si este incidente se produjo realmente, debió causar un enorme ruido en la capital ucraniana. Habría sido una demostración de poder sin precedentes por parte de los rusos, y un mensaje que podría meterse a Occidente en el bolsillo, ya que la tecnología furtiva rusa es evidentemente mucho más avanzada de lo que se pensaba, y capaz de evadir completamente los sistemas de radar occidentales.

Según el Pentágono, Rusia ha trasladado a Bielorrusia dos divisiones de sistemas de defensa antimisiles S-400 y un número desconocido de aviones de combate, lo que significa que "Kiev está ahora en el punto de mira". Mientras tanto, los familiares del "personal no esencial y los diplomáticos" están siendo evacuados de Ucrania, lo que según la administración Biden es sólo una "medida preventiva".

Un coronel chino amenaza a Estados Unidos con una guerra nuclear total

Las tensiones con China también se están intensificando por parte de los estadounidenses. El jueves pasado, la marina china expulsó al USS Benfold de las aguas territoriales de las disputadas islas Xisha (nombre occidental: islas Paracel) en el Mar de China Meridional.

Independientemente de a quién pertenezcan estas islas, el continuo "patrullaje" de buques de guerra estadounidenses tan cerca de China es una auténtica provocación. ¿Cómo reaccionaría Washington si hubiera continuos buques de guerra chinos pasando por el Golfo de México?

En Pekín, por tanto, la gente está cada vez más enfadada. Un coronel de alto rango del EPL (el ejército) advirtió en la cadena estatal CCTV que Estados Unidos no debería atreverse a acudir en ayuda de Taiwán durante un conflicto militar. Esto, dijo, conduciría inmediatamente a la destrucción de los portaaviones estadounidenses en la región, y a una guerra nuclear total.

**Tras el ciberataque, perderemos el acceso a Internet" -
"Vivir libre o morir" es ahora más aplicable que nunca**

El ciberataque de la FEM (falsa bandera) que provocó
un apagón masivo en Europa, destinado a impulsar el
Gran Reajuste mientras se inculpa a Rusia y se tiene un
pretexto para desencadenar la Tercera Guerra Mundial,
parece estar cerca, ya que los principales países de Asia
Central se vieron afectados ayer por un apagón masivo
que afectó a millones de personas. La luz, el agua, los
aseos, los frigoríficos, la calefacción... ya no funcionaba
nada. Innumerables personas se quedaron atascadas en
ascensores y telesillas. El tráfico degeneró en caos.
Teniendo en cuenta las tensiones bélicas inducidas por
Occidente en torno a Ucrania, el periodo febrero-marzo
podría ser muy emocionante también en este sentido,
especialmente si se considera que exactamente en este
periodo la UE "practicará" durante 6 semanas un
supuesto "ciberataque ruso".

Kazajstán -recientemente objeto de un fallido intento
de golpe de Estado al estilo del Maidán-, Uzbekistán y
Kirguistán, tres antiguas repúblicas soviéticas cuyas
redes eléctricas están conectadas a Rusia, se quedaron
ayer sin electricidad, según la Compañía Operadora de
Electricidad de Kazajstán (KEGOC), debido a un
repentino desequilibrio en la red. En Tashkent, la capital
de Uzbekistán, el metro se detuvo y el aeropuerto tuvo
que ser cerrado. Los habitantes del país informaron de
fallos en el suministro de agua y en la calefacción.

Bishkek, la capital de Kirguistán, se paralizó por completo. El tráfico se convirtió en un caos y muchas personas se quejaron de fallos en la calefacción.

Algunos especulan que la causa es el auge de la criptominería. Después de que China empezara a regular la minería de criptomonedas, que consume mucha energía, se trasladó a Kazajistán.

Tras el ciberataque, perdemos el acceso a Internet".

Otros creen que el ciberataque de principios de año ha afectado también a estos países. En la UE, el PVD parece ser el único partido que se atreve a decir abiertamente lo que realmente está pasando.

Lo más probable es que se produzca un "ciberataque" o una "ciberpandemia", de los que se culpará a Rusia. Como si fuera parte de la estrategia hacia Ucrania. Debido a ese "ciberataque" o "ciberpandemia" vamos a perder nuestro acceso a Internet.

Sólo lo recuperaremos con un "pasaporte de Internet". Así que creo que van a hacer exactamente el mismo truco en el mundo digital que han estado haciendo durante los últimos 2 años en el mundo físico: en primer lugar negar el acceso con un falso pretexto.

(Mundo físico: corona, mundo digital: ciberataques) y luego devolverlo "seguro y protegido" con un pasaporte. La identificación digital totalmente integrada

es entonces una realidad. Y el Gran Reajuste se ha
realizado un paso más. '

Y así, la mayor parte de la población aún sonámbula,
incluidos los Estados Unidos, está siendo conducida por
el FEM y sus regímenes occidentales subordinados,
hacia la próxima megacrisis planificada diseñada para
impulsar el Gran Reset comunista / Reconstruir mejor /
Agenda-2030, que amenaza con convertirse en la
dictadura más dura e inhumana que jamás haya asolado
nuestro planeta.

Vivir libre o morir

Al menos, si la Tercera Guerra Mundial no termina
prematuramente. A estas alturas, eso sería incluso un
resultado menor. Después de todo: es mejor morir libre
que vivir la vida en una jaula, aunque esa jaula sea
digital. (* Una paráfrasis de Emiliano Zapata 'Es mejor
morir de pie que vivir de rodillas). 'Vivir libre o morir' ha
sido el lema del estado norteamericano de New
Hampshire durante 77 años, y debería ser también el
lema de todas las personas que aún dan algún valor a la
libertad, la autodeterminación y el respeto a los demás.

"¿Es la vida tan cara, o la paz tan dulce, como para
comprarla al precio de las cadenas y la esclavitud?
Prohíbelo, Dios todopoderoso. No sé qué camino
pueden tomar otros; pero en cuanto a mí, ¡dame la
libertad o dame la muerte!" (Patrick Henry, 1775)

Los políticos y otras autoridades que no paran de prometerte que recuperarás tu libertad si cumples todo tipo de requisitos (inyecciones, códigos QR, tapones en la boca, etc.), además de la gente que les obedece tan temerosa como ciegamente, se pueden describir muy bien con el siguiente texto:

Pretenden ser libres, aunque ellos mismos son esclavos de la perdición; porque aquel por quien uno es dominado es su esclavo. (2 Pedro 2:19)

La primera dictadura mundial comunista será una realidad en 2022 - Inyectar a todos los habitantes de la tierra es la prioridad número 1 - La prosperidad actual será desmantelada en gran medida - La ONU busca el fin permanente de la libertad de expresión y de la ciencia

El Secretario General de la ONU, el comunista portugués António Guterres, exige que el mundo entero pase a un estado de emergencia global permanente este año por culpa de Covid-19 y el clima. Y tú pensabas que todo volvía a la normalidad, ahora que puedes volver a ir al bar. Pero aún no hemos experimentado nada de lo que la ONU, la OMS, el FEM y el FMI tienen preparado, y que se anuncia cada vez más abiertamente: una dictadura global de una dureza sin precedentes en la que ya no tendremos ninguna libertad ni control sobre nuestras vidas, ni siquiera sobre nuestros propios cuerpos.

Debemos hacer frente a estas amenazas juntos, basándonos en la unidad y la solidaridad", declaró Guterres en su discurso ante la Asamblea General a principios de este mes. Debe haber una "plena movilización de todos los países" para hacer frente a "cinco situaciones de alarma": Covid-19, el clima, un sistema financiero en quiebra moral, "la anarquía en el ciberespacio" y el declive de la paz y la seguridad en el mundo.

Detener el Covid e inyectar a todo el mundo es la prioridad número 1

Detener el supuesto coronavirus (científicamente imposible de todos modos y también completamente innecesario desde el punto de vista médico) es la prioridad absoluta, según Guterres. Por la forma, añadió que Covid no debe utilizarse para socavar los derechos humanos, restringir los derechos civiles e imponer restricciones desproporcionadas, lo que por supuesto ya ha ocurrido y sigue ocurriendo, precisamente por orden de la agencia sanitaria de la ONU, la OMS.

El líder de la ONU añadió las ya infames e infinitamente repetidas mentiras de cristal: "Nuestras acciones deben basarse en la ciencia y el sentido común". La ciencia es clara: las vacunas funcionan. Las vacunas salvan vidas". Por lo tanto, la llamada "desigualdad de las vacunas" debe ser eliminada lo antes posible; a finales de 2021, el 40% de la población mundial ha sido inyectada (= ingeniería genética), a mediados de 2022 esto debería aumentar al 70%.

En África, sin embargo, ese porcentaje no se alcanzará hasta 2024. 'En lugar de que el virus se extienda como un fuego salvaje, la vacuna debería hacerlo', dijo Guterres, señalando que cada mes se producen 1.500 millones de dosis, pero que la distribución de éstas en el mundo es 'escandalosamente desigual'.

Olvidó mencionar que los países tan "desfavorecidos" con las "vacunas" apenas se ven afectados por el Covid-

19, y que los países con las tasas de vacunación más altas son los que invariablemente informan del mayor número de enfermos y muertos. Por lo tanto, la ciencia real ha demostrado hace tiempo que las vacunas = Covid-19. (Ver la sección de Covid para los numerosos artículos y enlaces sobre esto).

Pronto todos serán igualmente pobres bajo el gobierno mundial de la ONU/OMS/FEM

La segunda alarma se refiere a la "reforma del sistema financiero mundial". Una vez más, se sacan a relucir credos socialistas que suenan muy bien y son ciertos, como el hecho de que en el sistema actual se premia a los ricos y se castiga a los pobres. ¿Su "solución"? Un sistema financiero global centralizado, cuando la centralización/globalización ha conducido en realidad a la enorme desigualdad.

El "mejor apoyo a los países en desarrollo" y "un sistema fiscal mundial más justo" equivale, por tanto, a una transferencia masiva y forzada de riqueza de los ricos a los pobres, una nivelación masiva de miles de millones de personas. Resultado final: todo el mundo es igual de pobre, excepto, por supuesto, los miembros del gobierno mundial de la ONU, la OMS, el FEM y el FMI, controlados por las Grandes Finanzas, las Grandes Tecnologías y las Grandes Farmacéuticas, que están en proceso de hacerse con TODA la riqueza y la prosperidad y, por tanto, con el control total de todo el mundo.

La prosperidad abortada en gran medida por una crisis de CO2 inexistente

Todos los países no tienen "ninguna opción" de entrar en estado de emergencia para resolver la "crisis climática", continuó el comunista racial. Las emisiones globales de CO2 -que en realidad siguen estando en niveles históricamente, casi peligrosamente bajos, y que no tienen nada que ver con el leve y estancado calentamiento global, que en el mundo real incluso ha revertido en enfriamiento global- deben reducirse en un 45% para 2030. Para ello, las fuentes de energía fósiles (petróleo, gas, carbón), la base de nuestra prosperidad actual, deben ser demolidas en gran medida.

Las inversiones masivas y destructoras de riqueza necesarias para la "transición verde" deben triplicarse hasta alcanzar los 5 billones de dólares anuales en 2030. Sin embargo, los países ricos todavía tienen que cumplir su promesa de dar 100.000 millones de dólares a los países en desarrollo antes de 2022 para cumplir los objetivos climáticos en ellos.

La lucha contra la infodemia = El fin de la libertad de expresión

La cuarta alerta es el "creciente caos digital" que sería aprovechado por las "fuerzas más destructivas". ¿Se habrá mirado Guterres en el espejo? Porque si bien señala con razón la "explotación de nuestra información personal para manipularnos, cambiar nuestro comportamiento, violar nuestros derechos humanos y socavar las instituciones democráticas", luego quiere reservar exactamente estos "derechos" exclusivamente a las Naciones Unidas.

'Nos están quitando nuestras opciones sin que nos demos cuenta'. Efectivamente, señor Guterres, precisamente por la ONU, la OMS, el FEM, el FMI y todas las demás agencias globalistas. Ustedes son los que abogan por una dictadura mundial basada en su engaño sobre la pandemia y el clima. Ustedes son los que supuestamente quieren acabar con la "infodemia" y la -en realidad emprendida por ustedes- "guerra contra la ciencia", acabando así con la libertad de expresión y la libertad de investigación científica independiente - exactamente como ocurre en todas partes y siempre en los estados comunistas.

r

Con el mundo experimentando el mayor número de conflictos violentos desde 1945, el llamamiento a la paz y la seguridad (/ "paz y tranquilidad") es más fuerte que nunca. Naturalmente, el "populismo" (= la voluntad de los pueblos de seguir siendo libres e independientes y determinar su propio rumbo) se considera uno de los mayores peligros.

También se vuelve a mencionar la "lucha contra el terrorismo". Las organizaciones terroristas más peligrosas, con diferencia, que han puesto en peligro a todo el planeta -el Pentágono/la OTAN y la FEM, por no hablar de la OMS = la propia ONU- quedan naturalmente al margen. Abogar por el despliegue de tropas y dinero de la ONU para garantizar los "derechos humanos, especialmente para las mujeres y las niñas" en Afganistán es extremadamente irónico y también ridículo, dada la reciente y humillante retirada de EE.UU. y la OTAN de ese país.

Por último, Guterres hizo hincapié en que la unidad en el Consejo de Seguridad de la ONU es muy necesaria para abordar todos estos "desafíos", y que las mujeres líderes deben ser fundamentales para "la prevención de conflictos y el establecimiento de la paz". Hemos visto y estamos viendo en tipos como Angela Merkel, Christine Lagarde, Jacinda Ardern, Hillary Clinton y Victoria Nuland que las mujeres en puestos de liderazgo no siempre garantizan menos mentiras e intrigas, más transparencia y más humanidad y paz, sino todo lo contrario.

Conclusión: el mundo libre ya no existe. El comunismo ganó después de todo. No es más que un frío consuelo que históricamente todos los países y sistemas comunistas acaban colapsando, porque no se puede seguir reprimiendo indefinidamente a los seres humanos y a la naturaleza humana. Desgraciadamente, ese colapso siempre va acompañado de un gran número de víctimas, y esta vez no será diferente.

Enfriamiento global: Grueso paquete de nieve en Jerusalén; el agua del mar cerca de Grecia se congela

En absoluta obediencia al gobierno mundial feudalista de la ONU que ya funciona, también el régimen de la UE sigue basando su política climática-energética en el engaño probado de que el CO2 antropogénico causa el calentamiento global; un "calentamiento" que en realidad no existe desde hace años. Por el contrario, el nuevo mínimo solar, en combinación con la rápida disminución del campo magnético y la coincidencia del fin de todos los ciclos climáticos (que siempre anuncia una nueva Edad de Hielo), ha puesto en marcha un período de enfriamiento global, que es muchas veces más peligroso y perjudicial para la humanidad que un ficticio calentamiento previsto de 2 grados centígrados a finales de este siglo. Las innumerables evidencias de este enfriamiento son visibles en todo el mundo, pero son distorsionadas o ignoradas por la política y los medios de comunicación.

EEUU: "La peor tormenta de nieve de la historia

75 millones de habitantes de la costa este de Estados Unidos se preparan para lo que, según los meteorólogos, será "la peor ventisca de la historia", que, según un meteorólogo de la CNN, sólo puede compararse "con el huracán más potente". Ayer ya se cancelaron 2.000 vuelos por este "ciclón bomba", y hoy

casi 3.500 más. Se espera una capa de nieve de entre 45 y posiblemente 75 centímetros.

También en el sur de Florida este fin de semana no hará tanto frío desde los años 60, y a principios de esta semana se emitió incluso una alerta por heladas nocturnas. En el estado de Kansas cayeron 68 pulgadas de nieve esta semana; en algunos lugares se batió el récord de 76 pulgadas. En Colorado también hubo una tormenta de nieve. En Nashville, Tennessee, cayeron 23,6 pulgadas de nieve entre el 1 y el 21 de enero, la mayor cantidad desde 1985.

En otros lugares, el frío y la nieve están a la orden del día

* En el turístico sureste de Turquía (Antalya, Mugla, Dalaman) ha caído la primera nieve desde 1993. El pasado fin de semana partes de Estambul recibieron una capa de un metro. Nunca hizo tanto frío en el país, en algunos lugares casi -40. También hubo cantidades récord de nieve. El gobierno se vio obligado a tomar la decisión de cortar parcialmente la electricidad 3 días a la semana porque ya no podía suministrar suficiente energía;

Raro paquete de nieve en Jerusalén; heladas en el desierto del Sahara

A veces nieva en Jerusalén y sus alrededores, pero rara vez ha caído tanta nieve como el jueves pasado. Hubo que cerrar carreteras, escuelas y negocios. Muchos residentes tuitearon que nunca habían experimentado esto en toda su vida.

Incluso cayó nieve en el desierto del Sáhara, algo que sólo había ocurrido 5 veces antes en los últimos 43 años (y -dado el enfriamiento global- no del todo casualmente en 2016, 2018, 2021 y ahora 2022). En Ain Sefra (Argelia) heló -2 grados.

El agua del mar se congela frente a Grecia

Los medios de comunicación griegos hablan de un "fenómeno único en la vida": Frente a la costa del país se ha encontrado hielo marino, que normalmente sólo se encuentra en los mares polares. Cerca de la ciudad costera de Sagiada, el punto más occidental de Grecia donde hay un clima mediterráneo, la temperatura bajó a casi - 20 C.

Atenas, la capital más cálida de la UE, se cubrió de una capa de nieve récord durante la ventisca más intensa desde 1968, y la popular isla de vacaciones de Mykonos también se tiñó de blanco. 44 estaciones meteorológicas griegas midieron temperaturas mínimas sin precedentes que oscilaban entre los -10 y los -18.

* Los vecinos de Turquía, Irán (-27,4) e Irak (-30), también sufrieron un frío extremo el pasado fin de semana; la demanda interna récord obligó a Irán a reducir las entregas de gas a Turquía, lo que no podía llegar en peor momento para ese país. Funcionarios de la ONU hablaron de "condiciones de horror" en los

campos de refugiados a causa del frío glacial y la nieve en Siria. Los niños caminan descalzos por la nieve llevando sólo sandalias, y deben sobrevivir en tiendas de campaña delgadas y rotas;

* Incluso en la India hace mucho frío; en Delhi la temperatura oficial del martes no superó los 12,1 grados, lo que supone 10 grados menos que la media. El mes pasado ya hubo 11 días con temperaturas inferiores a 17 C.. Los meteorólogos esperan que en 2003 se batan los récords de invierno;

A medida que se enfría, Europa rompe con la energía estable y asequible

Se espera que continúen las temperaturas muy bajas en el Cáucaso, Ucrania, Turquía, Oriente Medio y el noreste de África, lo que aumentará aún más la demanda de energía, ya sin precedentes, y hará que la crisis energética en Europa, causada principalmente por la desinversión en petróleo/gas y centrales nucleares, y el cambio a fuentes de energía "renovables" muy caras y poco fiables (especialmente durante el frío), como la eólica y la solar, sea aún más aguda, sumiendo a millones de personas en una profunda pobreza, a la que probablemente no sobrevivirán muchos de los más débiles.

¿Futuro tecnológico dimensional?

Nuestra serie de artículos "Puertas prohibidas: El inicio de la guerra tecno-dimensional' en 2010 fue considerada todavía por muchos como pura ciencia ficción, algo que quedaba muy lejos en el futuro. Vuelva a leer algunas partes de este artículo y compruebe por sí mismo que lo que entonces parecía ciencia ficción se está convirtiendo en una dura -y yo diría que especialmente siniestra- realidad, sobre todo con las inyecciones de óxido de grafeno/manipulación genética Covid, el código QR, la IA y el 5G. 'Vamos a cambiaros', anunció abiertamente hace unos años el máximo responsable del FEM, Klaus Schwab. Y eso es exactamente lo que se ha hecho a escala masiva en todo el mundo desde finales de la década de 2020. Los que se nieguen a este control totalitario bio/tecnológico en ciernes, que acabará con todas nuestras libertades, derechos humanos y privacidad, pronto serán expulsados por completo de la sociedad.

(16 de agosto de 2010 ***): Los laboratorios científicos de todo el mundo llevan tiempo trabajando en tecnologías revolucionarias que cambiarán no sólo nuestros cerebros, nuestras memorias y nuestros cuerpos, sino, según el autor Joel Garreau (libro Radical Evolution), incluso nuestras almas. Los seres humanos del futuro serán irreconocibles y superiores a nosotros, al menos si así lo creen los científicos e intelectuales que conforman el movimiento de rápido crecimiento llamado transhumanismo. Los estudios de algunos transhumanistas afirman que el ADN, los componentes

básicos de la vida humana, puede alterarse de tal manera que seremos capaces de interactuar con "inteligencias invisibles".

El cruce de la frontera entre el mundo visible y el invisible pondrá a prueba la fe de la gente de un modo nunca visto. Un gran número de creyentes podría quedar paralizado por el terror ante las consecuencias sobrenaturales de gran alcance. El destino de muchos -y el de sus familias- puede depender de su conocimiento de esta nueva realidad y de que se hayan preparado adecuadamente para ella.

El plan para "rediseñar" al hombre ya tiene miles de años

En su nuevo libro ("Forbidden Gates"), Thomas Horn muestra que hay una fuerza maligna de miles de años de antigüedad detrás de los planes de mezclar humanos, máquinas e incluso animales para rediseñar la humanidad. Este poder ha conseguido ahora presentarse como un camino "progresista" e "iluminado" para ayudar a la humanidad a entrar en la "siguiente etapa de la evolución". A medida que las máquinas y los humanos "parecidos a Dios" evolucionan rápidamente, y a medida que hay una creciente voluntad de cruzar los límites ordenados por Dios entre ambas especies y dimensiones, los creyentes tendrán que empezar a prepararse para una forma totalmente nueva de guerra espiritual.

Hay una batalla espiritual invisible que se libra por el alma de cada ser humano, creyente e incrédulo por igual. Por lo tanto, es de suma importancia reconocer la naturaleza de esta batalla, así como las tácticas utilizadas por nuestros malvados enemigos. Es importante darse cuenta de que todos estamos involucrados en esta guerra, nos guste o no. Evitar esta batalla es haberla perdido de antemano.

La guerra espiritual o del espíritu comienza, por tanto, con el reconocimiento de que existen "agentes" y seres invisibles en la Tierra, tanto buenos como malos, y que tratan de influir tanto en nuestra vida en el hogar, en la iglesia, en el gobierno y en la sociedad, como en nuestra personalidad.

El mal ha tomado el control de los gobiernos, los organismos y las sociedades

Estas entidades malignas (a menudo llamadas "demonios" y "ángeles caídos" en los círculos religiosos) desempeñan un papel importante en la sociedad al influir y controlar a individuos, organismos y gobiernos. Su estrecha colaboración con los llamados "arquitectos sociales", personas y gobiernos que persiguen más o menos los mismos objetivos -a saber, la dominación total sobre todo y todos- sigue siendo negada por muchos que están ciegos a la realidad del mundo espiritual. Detrás y a través de los representantes del pueblo, los legisladores, los presidentes, los dictadores e incluso los líderes religiosos, estos seres malignos pueden ejercer libremente su poder. En cuanto un poder religioso o político se ha levantado contra el bien en algún lugar, hacen todo lo posible para arrojarle una luz maligna y derribarlo piedra a piedra, alma a alma.

En más de 30 textos importantes, el Nuevo Testamento utiliza la palabra griega "cosmos" para hacer mención a este sistema, este "imperio", este "gobierno detrás del gobierno". Bajo la influencia maligna (/demoníaca), las personas reciben un cierto poder que hace que sus egos separados de Dios se vuelvan cada vez más hostiles a la humanidad, y comienzan a ver a las personas como objetos que pueden y deben ser manipulados y utilizados para lograr sus insanas ambiciones*.

(el "Great Reset" de Klaus Schwab / "Build Back Better"; la "Agenda-2030" de la ONU; la "vacunación de todos" de Bill Gates, el "Green New Deal" de la UE, etc.).

Algunos creen que este sistema ya comenzó con la rebelión de Lucifer en el cielo, cuando se volvió orgulloso y se alineó con Dios. Este ser, antaño exaltado, extendió entonces su insaciable sed de poder, dominio y dominación entre sus seguidores, los agentes oscuros aún activos responsables del principio de "causa y efecto" entre las personalidades visibles e invisibles.

Cosmokrators

Los poderes en esta esfera sobrenatural son determinados y puestos en su lugar por Satanás (/ Lucifer, y sus muchos otros nombres). Él está a la cabeza de importantes "cosmokradores" -gobernantes de las tinieblas que trabajan en y a través de sus semejantes humanos- que a su vez comandan a los espíritus inferiores para que todas las autoridades terrenales -tanto seculares como religiosas- puedan ser alcanzadas e influenciadas en todos los niveles.

Si pudiéramos echar un vistazo entre los bastidores de este mundo espiritual, seríamos testigos de una batalla entre el bien y el mal, con las almas de las personas en juego. Legiones enteras se disputan el poder sobre personas, ciudades, territorios, países e incluso continentes. La Biblia da testimonio de esta realidad en Lucas 4, donde el diablo lleva a Jesús a la cima de un monte alto y le muestra todos los reinos de la tierra. El diablo le dijo: A ti te doy todo este poder y la gloria de ellos, porque a mí me ha sido dado, y yo lo doy a quien quiero. Si, pues, me adoras, será enteramente tuyo'. (vs.6-7)

El apóstol Pablo escribe más tarde a los creyentes de Éfeso: '... porque no tenemos que luchar contra la sangre y la carne, sino contra los principados, contra las potestades, contra los gobernantes de estas tinieblas, contra los espíritus malignos en los lugares celestiales'. (Ef.66:12 *) Es allí donde la oposición a Dios encuentra su origen. Los conflictos y enfrentamientos entre personas, instituciones y gobiernos son, por tanto, a menudo las manifestaciones visibles de una lucha que tiene lugar en el mundo invisible y espiritual. (Los "reinos celestiales" podríamos llamarlos "dimensiones" en el lenguaje moderno).

34

¿Fue 2021 el verdadero "año 1" del Nuevo Orden Mundial luciferino?

Horn descubrió en su investigación para su libro que 2012 fue mencionado en varios informes gubernamentales como el 'año 1' de la nueva 'mejora' tecno-dimensional humana. La programación predictiva - con todos sus engaños y datos ocultos - es una de las principales formas en que los masones / Illuminati obedecen a su 'código' para hacer saber siempre a la humanidad cuáles son sus planes. ¿Podría el 2012 en realidad haber significado el 2021 como el 'año 1' del Nuevo Orden Mundial Luciferino, el año en que con las inyecciones de manipulación genética Covid-19 comenzó la transformación final del hombre en un ser que pronto será cortado para siempre de la verdadera Luz, de Dios?

Así que date cuenta bien de que no serán otros "cientos" de años, ni serán "décadas". Lo que los poderes ocultos han preparado cuidadosamente durante miles de años está a punto de revelarse a la humanidad / ser impuesto a la humanidad. El reloj avanza inexorablemente hacia el año objetivo de 2012 (/ 2021?). Una vez que comprendas plenamente esto, también podrás prepararte y sostenerte ** en lo que resultará ser el período más estimulante y desconcertante de toda la historia de la humanidad. (/ Continuará)

** Salvo un grupo todavía demasiado pequeño, la gran mayoría (al menos 8 de cada 10, independientemente de su fe o credo) parecía no estar preparada mental y espiritualmente para esta guerra final contra la humanidad, que se desató definitivamente con los programas de vacunación climática (la ya mencionada Agenda-2030, Great Reset, etc.). El tiempo que queda para detener esta agenda diabólica y tratar de deshacer el daño es muy, muy corto.

Aumento del número de abortos

Todos los países con mayor tasa de vacunas Covid tuvieron un exceso de mortalidad muy alto en 2021 - Datos oficiales del gobierno EE.UU: 15600% más de enfermedades cardíacas entre los jóvenes menores de 30 años - Los CDC confirman un exceso de mortalidad del 40% entre los jóvenes de 18 a 49 años en 2021

Un nuevo análisis de los datos oficiales del VAERS de EE.UU. realizado por la Dra. Jessica Rose muestra que el número de abortos espontáneos debidos a las inyecciones de Covid-19 ha aumentado a 416.186. Las mismas estadísticas del gobierno muestran un aumento del 15600% de enfermedades cardíacas entre los jóvenes "vacunados" hasta los 30 años.

El Dr. Rose llegó a un URF de 118 (factor de infranotificación) en el VAERS para los abortos espontáneos basado en los datos recientemente publicados (DEMD) del Departamento de Defensa. Como la cifra de 2021 es de 3527, el número real es de 416.186. Sólo el 1% de ellos no fueron causados por la "vacuna".

Tanto dentro como fuera del VAERS, ya hay pruebas más que suficientes de que las inyecciones de Covid confunden y/o dañan los órganos reproductores femeninos, ya sea temporal o permanentemente. El 21 de enero, escribimos que casi 50.000 mujeres y niñas "vacunadas" han desarrollado trastornos menstruales sólo en los Países Bajos, Bélgica y Gran Bretaña.

Las mujeres embarazadas fueron excluidas de las fases de prueba en 2020. Por lo tanto, el hecho de que las inyecciones se recomendaran a mujeres embarazadas o con un deseo inmediato de tener hijos a partir de entonces equivale, como mínimo, a prácticas médicas perversas, pero de hecho incluso a crímenes contra la humanidad.

La inyección de Covid provoca un 3250% más de víctimas de la vacuna

El 21 de enero, el VAERS registró más de un millón de víctimas individuales de la vacuna Covid, incluidas 22.607 muertes. Esa cifra de 1 millón en poco más de 1 año supera las 915.813 (incluyendo 29.542 muertes) de todas las demás vacunas en los últimos 31 años combinadas, y representa un aumento anual del 3250%. Por lo tanto, los gobiernos, los medios de comunicación y los científicos que siguen afirmando que la vacuna Covid es "segura" mienten descaradamente.

De los más de un millón de personas que han desarrollado problemas de salud tras sus inyecciones, 2132 jóvenes menores de 30 años tienen miocarditis o pericarditis. Esa cifra casi se duplica, hasta los 3.912, si se incluyen todos los tipos de cardiopatía, y no solo los dos más conocidos.

Para todas las demás vacunas (80+), 23 personas menores de 30 años contraen enfermedades cardíacas después de su inyección cada año. En el caso de las vacunas Covid, la cifra asciende a 3.611 personas menores de 30 años al año, lo que supone un aumento del 15.600%. Obsérvese que estos son sólo los datos oficiales del VAERS, que hace años se determinó que incluían como mucho sólo el 1% del número real de muertes por vacunas.

CDC: Mortalidad de la mano de obra 40%

Anteriormente informamos de que, según las estadísticas de la gran aseguradora OneAmerica, en 2021 la tasa de exceso de mortalidad entre la población trabajadora estadounidense de 18 a 49 años era del 40% (véase nuestro artículo del 3 de enero: Covid vaxxicide: Las aseguradoras estadounidenses informan de un 40% más de muertes en la población trabajadora) . Ese porcentaje lo confirman ahora los CDC.

En la mayoría de los estados, gran parte del exceso de mortalidad se atribuyó automáticamente a Covid. Esto se hace de la misma manera extremadamente engañosa que en los Países Bajos; por ejemplo, si alguien ha tenido un ataque al corazón o un accidente de tráfico, y resulta "positivo" con una prueba de PCR falsa, dicha persona entra en las estadísticas como víctima de Covid.

El exceso de muertes fue mayor en Nevada (65% / 36% debido a Covid), Texas (61%, del cual el 58% fue por Covid) y Arizona (57%, del cual el 37% fue por Covid). El Distrito de Columbia notificó una tasa de mortalidad aún mayor, del 72%, de la cual el 0% fue por Covid.

Hubo casi 6.000 muertes adicionales en ese grupo de edad por neumonía no relacionada con el Covid. La gripe también parece haberse tomado unas vacaciones repentinas en los Estados Unidos (sólo 50 muertes), a menos que Covid fuera en realidad sólo un nuevo nombre para la gripe. Muchas muertes adicionales se atribuyen a las drogas (especialmente al fentanilo); el número de muertes aumentó a 101.000 en los 12 meses anteriores a junio de 2021. En 2019, hubo "sólo" 72.000.

En el grupo de edad de 50 a 84 años, el exceso de mortalidad fue superior al 27% (más de 470.000 muertes adicionales). En casi 4 de cada 5 casos, Covid figuraba como la (co)causa de la muerte.

Todos los países con una tasa de vacunación Covid más alta tienen un exceso de mortalidad muy elevado

'Creo que es muy probable que en la siguiente fase el número de muertes empequeñezca las afirmaciones del número de víctimas de Covid', declaró el ex vicepresidente de Pfizer, el Dr. Mike Yeadon. Aunque las pruebas son siempre circunstanciales, basándose en las cifras y las estadísticas, dijo que no puede haber ninguna duda de que el enorme exceso de mortalidad en los países con la mayor tasa de vacunas Covid está efectivamente causado por las inyecciones.

La tendencia "Más inyecciones de Covid = Más muertes" es demasiado llamativa en todas partes como para llamarla "coincidencia". En Escocia, por ejemplo, el 87%

de los adultos han sido 'vacunados'; las muertes semanales están ahora un 30% por encima de lo normal. En Alemania, hubo un exceso de mortalidad del 10% con una tasa de vacunación del 80% (septiembre de 2021).

El "misteriosamente" nombrado fuerte aumento de las muertes en Dinamarca, Finlandia y Noruega -más alto que durante las peores semanas de la "pandemia" de la corona- también fue de la mano con el creciente número de inyecciones. Los Países Bajos, primer país de Europa donde se inyectan, según algunas estadísticas, llegaron a experimentar el mayor exceso de mortalidad desde la Segunda Guerra Mundial.

Víctimas cada vez más jóvenes

Según VigiAccess, la base de datos de vacunas de la OMS, un asombroso 41% de los 2,4 millones de enfermedades y muertes por inyección registradas son menores de 44 años. Sólo el 6% son mayores de 75 años. Así pues, las inyecciones de Covid están provocando una auténtica matanza entre personas cada vez más jóvenes, pero los medios de comunicación no pueden informar de ello. Así que los medios de comunicación sólo mencionan causas inventadas y no probadas, como el "estrés de la pandemia" o la en realidad muy leve "variante Omicron".

¿Por qué la mortalidad fue mayor en 2021 que en el "año de la pandemia" 2020, cuando no hubo ninguna "vacunación"? Formular la pregunta es responderla:

porque las vacunas estaban en vigor desde 2021. Las estadísticas mundiales lo demuestran sin lugar a dudas. En África, apenas hay Covid, mientras que la tasa de vacunas allí es muy baja. Europa y Estados Unidos están inundados de personas con síntomas de Covid, mientras que la tasa de vax allí es muy alta.

La mortalidad general entre las personas vacunadas es simplemente (mucho) MÁS ALTA

Si el Covid es tan peligroso como se afirma, y la vacuna tan eficaz como se dice, entonces deberíamos ver ahora muchas más muertes relacionadas con el Covid entre los no vacunados que entre los vacunados", dijo recientemente el profesor Norman Fenton (Universidad Queen Mary de Londres), señalando las estadísticas oficiales de la ONS. Y si la vacuna es segura, como se afirma, debería haber muchas menos muertes adicionales por causas distintas del Covid entre las personas vacunadas que entre las no vacunadas.'

Sin embargo, lo que el profesor descubrió fue lo contrario. De hecho, la mortalidad general entre las personas vacunadas es (mucho) MÁS ALTA que entre las personas no vacunadas. Numerosos hospitales informan de que las masas de personas (vacunadas) que llegan ahora están mucho más enfermas que nunca. Incluso la NPR reconoció que la mayoría de estas personas, que llegan con graves trombosis, enfermedades cardíacas, dolores en los órganos y problemas respiratorios, entre otras cosas, no tienen Covid.

Fenton esperaba que se produjera un debate al respecto, pero en lugar de eso ahora se le tacha de repente de extremista, lo que ocurre en todas partes con cualquiera que se atreva a cuestionar abiertamente, aunque sea por un segundo, estas intocables y "sagradas" inyecciones declaradas de manipulación genética.

"¿Los medios de comunicación son cómplices de este exterminio masivo?

En un futuro próximo (de aquí a 1 ó 3 años), los jóvenes vacunados podrían sufrir una gran oleada de enfermedades graves. Por ejemplo, el New York Post informó de que los expertos advierten de que una grave enfermedad espontánea poco conocida (SCAD) que provoca un ataque al corazón, y que normalmente afecta sobre todo a mujeres de entre 30 y 60 años, está ahora también desplomando a las jóvenes en forma de 22 años.

En un número cada vez mayor de medios de comunicación occidentales aparecen artículos similares que parecen estar preparando al público para aceptar una tasa mucho más alta de enfermedad y muerte por defecto, especialmente entre los jóvenes. "¿Parece que los medios de comunicación han aceptado su papel de cómplices en este exterminio masivo, o es una exageración?", se pregunta con razón el británico The Exposé.

¿Ataques cardíacos en todas partes?

El abogado de EE.UU. revela un escandaloso aumento de las víctimas de la vacuna en base a las cifras reclamadas - Las cifras canadienses confirman la pandemia de personas vacunadas: La eficacia de las inyecciones de Covid no es el 95% que se dice, sino el MIN 425%.

Un nuevo análisis de las cifras y la evolución actuales muestra que 62,3 millones de personas en todo el mundo podrían morir de enfermedades cardíacas en 2022 como consecuencia de las inyecciones de Covid-19. Términos como vaxxicidio (genocidio vacunal), despoblación y extinción masiva comienzan así a ser cada vez más reales. Como ya predijimos en 2020, estas muertes se atribuirán falsamente a una variante de Covid (o a una enfermedad inducida por Covid) para que la gente siga haciendo cola para su próxima inyección de refuerzo.

El número de deportistas profesionales afectados por enfermedades cardíacas graves y/o mortales se duplicó cada tres meses el año pasado. La FIFA contabilizó 31 futbolistas profesionales muertos en 2021, pasando de 2 en el primer trimestre a 21 en el último. Pueden considerarse el proverbial canario en la mina de carbón. Los futbolistas de élite son los primeros en morir porque son los que más esfuerzo hacen a su corazón con los constantes entrenamientos y los numerosos partidos. Uno de los futbolistas más famosos que acaba de sobrevivir es Sergio Agüero, quien, sin embargo, no volverá a pisar un terreno de juego debido a su enfermedad cardíaca vax.

En noviembre de 2021, escribimos sobre un informe de la Asociación Americana del Corazón (AHA), en el que se advertía de que, dentro de cinco años, las personas vacunadas tendrán más del doble de posibilidades de sufrir un infarto. Suponiendo que la explosión de las enfermedades cardíacas que se puso en marcha el año pasado continúe al mismo ritmo, y que el número de vaxxers (ahora el 51,6% en todo el mundo) no siga aumentando.

Normalmente, una media de 8,9 millones de personas mueren cada año por enfermedades del corazón. Al ritmo actual, esa cifra amenaza con convertirse en 71,2 millones este año, lo que supone un aumento de 62,3 millones de muertes. Eso significa que las inyecciones de Covid matarán a más personas que el VIH/SIDA, y eso sólo por ataques al corazón. Esto ni siquiera cuenta las muchas otras causas identificadas de muerte por estas inyecciones de manipulación genética de ARNm, como el VAIDS (=sida por vacunación que resulta de un sistema inmune demostrado y destruido por etapas) y la degeneración neurológica.

Los vaxxers sólo pueden esperar que sus sistemas inmunitarios dañados se recuperen espontáneamente y superen las proteínas tóxicas producidas por las inyecciones en sus propios cuerpos. Sin embargo, hasta ahora no hay indicios de ello, sino todo lo contrario. Desde hace meses, la tendencia en todas partes es indiscutiblemente en una sola dirección: Más inyecciones = más enfermos y muertos.

Aumento escandaloso de las enfermedades graves entre el personal militar esencialmente sano

Así lo confirman, entre otros, los datos del Departamento de Defensa de los Estados Unidos (DMED). El abogado Thomas Renz lleva meses trabajando en favor de las víctimas de la vacuna ignoradas y abandonadas a su suerte por los políticos, los medios de comunicación y la comunidad médica. El lunes pasado, en una audiencia con el senador Ron Johnson, presentó las espeluznantes estadísticas, filtradas por médicos militares que ya no podían soportar el asombroso número de jóvenes militares sanos que han desarrollado graves enfermedades y otras dolencias después de sus "vacunaciones".

Según ellos, las inyecciones de Covid en el ejército han provocado lo siguiente

* Un 300% más de abortos espontáneos en las mujeres soldado (4182, frente a la media normal de cinco años de 1499);

* casi un 300% más de diagnósticos de cáncer (114645 en los primeros 11 meses de 2021, frente a los 38700 normales al año)

* Un 1000% más de trastornos neurológicos (de 82.000 normales a 863.000 el año pasado);

* 269% más de infartos de miocardio;

* 291% más de frecuencia de parálisis de Bell (parálisis facial);

* Un 156% más de defectos de nacimiento (de hijos de militares);

* 471% más de frecuencia de infertilidad en el personal militar femenino;

* 467% más de embolias pulmonares.

En una declaración jurada, uno de los militares denunciantes afirma que "es mi opinión profesional que los aumentos más significativos de los casos de abortos, cánceres y enfermedades mencionados anteriormente fueron causados por las vacunas Covid-19". (Señalando que una persona vacunada puede haber sido afectada por más de una de las condiciones mencionadas, y por lo tanto los porcentajes se basan en el número de diagnósticos, no en el número de casos individuales).

Renz dice que la carga de la prueba recae en el gobierno, y no al revés, sobre todo porque tanto el personal militar como los civiles se ven obligados a inyectarse con un producto experimental cuyos fabricantes están exentos de cualquier responsabilidad por adelantado. Si las inyecciones son en absoluto "seguras y eficaces", como se sigue afirmando, entonces el Pentágono no debería tener problemas para explicar la causa de este gigantesco aumento de enfermedades, trastornos y dolencias.

Canadá: Las vacunas tienen una eficacia NEGATIVA del 425%.

Y que esta causa real parece ser las propias inyecciones también lo demuestra un cuidadoso análisis independiente de los datos oficiales del gobierno canadiense. En lugar de una supuesta eficacia del 95%, las "vacunas" tienen una eficacia NEGATIVA del 425% en personas totalmente vacunadas de hasta 12 años de edad. Nada menos que el 89% de todos los nuevos casos atribuidos a Covid en enero estaban totalmente vacunados.

Pfizer llegó al 95% a través de un método de cálculo ahora infame y engañoso, es decir, trazando durante la fase de prueba el número de infecciones de corona en el grupo de placebo (162) contra el número de infecciones en el grupo "vacunado" (8). Se habría obtenido una imagen mucho más justa si estas cifras de las llamadas "infecciones" se hubieran comparado con el grupo total de 21830 personas sometidas a la prueba. De hecho, la diferencia sería entonces de sólo un 0,7%.

Muchos gobiernos nacionales utilizaron un truco sucio similar en sus estadísticas mensuales de "infecciones" informando del número total de personas no vacunadas desde el mismo comienzo de la campaña de vacunación (diciembre de 2020/enero de 2021). Al hacerlo, daban la falsa impresión de que la mayor parte de las "infecciones" eran de personas no vacunadas.

Sin embargo, gracias al archivo de Internet, es posible averiguar exactamente cuáles son las cifras reales. En el caso mencionado de Canadá, entre el 21 de diciembre y el 22 de enero, se produjeron 49579 "casos" entre personas no vacunadas, y la enorme cifra de 390401 entre personas vacunadas. De ello se desprende una asombrosa tasa de eficacia de la "vacuna" del -425%.

Inyecciones basadas en un modelo informático de "virus

Una vez más, estos datos demuestran que las inyecciones de Covid-19 realmente hacen que las personas sean mucho más susceptibles a los síntomas de la enfermedad atribuidos a Covid. Seguimos describiéndolo así a propósito, ya que el CSO de Novavax reconoció ante las cámaras a finales del año pasado que NO tienen acceso a un virus "vivo", sino sólo a un modelo informático. En otras palabras, las "vacunas" de manipulación genética se han formulado sobre la base de la información de laboratorio (genética) suministrada por China de un supuesto coronavirus que supuestamente causa el Covid-19.

Llevamos escribiendo desde principios de 2021 que parece sospechosamente que el Covid-19 está realmente causado por las inyecciones (algo que predijimos ya en 2020, por cierto). ¿Pero "todos los enfermos de entonces en 2020"? En primer lugar, parece que no hubo un exceso de mortalidad en ese

49

año. En segundo lugar, el número de CI/ingresos hospitalarios en la UE fue menor que en los cinco años anteriores. En tercer lugar, la gripe normal de ese año desapareció casi repentinamente y de forma no natural, y los supuestos "pacientes de la corona" tenían todos los síntomas que se habrían atribuido a la gripe en cualquier otro año. Por ejemplo, las pruebas estándar de PCR que también se utilizan en la UE fueron prohibidas en EE.UU. a partir del 1 de enero porque no pueden distinguir entre corona y gripe.

La pregunta que se hace cada vez más gente de si no nos han estafado gigantescamente desde el año 2020 con una falsa "pandemia", que sólo se inventó como pretexto para someter al mundo entero a una dictadura totalitaria comunista de la ONU/OMS/FMI de vacunación climática, puede por tanto responderse sin un ápice de duda con un SÍ.

¿Super VIH en la UE?

Las cifras oficiales del gobierno canadiense (el sistema inmunitario se ha reducido a una media del 81% gracias a las inyecciones) indican un próximo brote de SIDA entre los vacunados.

¿Recuerdas nuestros anteriores libros sobre la relación entre las inyecciones de Covid, que debilitan el sistema inmunitario, y la aparición de una nueva forma de sida? Pues bien, los medios de comunicación estadounidenses informaron hace unos días de que los científicos han descubierto una virulenta "variante VB" del VIH ("super VIH") en los Países Bajos. Nuestro país se encuentra a la cabeza de los países más "vacunados" de Europa (en julio de 2021 habría sido el 90%, tras lo cual ese porcentaje se redujo drásticamente, presumiblemente para seguir "justificando" el bloqueo en curso y otras medidas). Dado que las inyecciones han sido declaradas intocables y sacrosantas, podemos esperar la ya tan predecible declaración sin sentido de los principales medios de comunicación de que todo es culpa de una variante de Covid, y "por lo tanto" se necesitan más "vacunas" pronto.

Este tipo de mentiras probadas todavía se tragan enteras en la UE -en parte gracias a todo tipo de "idiotas útiles" del gobierno acríticos de conocidos programas de televisión- aunque poco a poco más gente está empezando a darse cuenta de que en los últimos dos años se han hecho muchas declaraciones sobre la corona / Covid y las "vacunas" que resultaron ser falsas, y se han hecho promesas que no se cumplieron o se rompieron una y otra vez.

No sólo en los Países Bajos, sino también en Canadá, las cosas amenazan con ir completamente mal para las personas vacunadas en un futuro próximo: las cifras oficiales del gobierno sugieren que la mayoría están desarrollando efectivamente el Vax-SIDA ahora que sus sistemas inmunológicos se han reducido a una media de MIN 81%. (Ver también nuestro artículo del 2 de febrero: (/ Las cifras canadienses confirman la pandemia de los vacunados: Se ha descubierto que la eficacia de las inyecciones de Covid no es el 95% que se dice, sino el MIN 425%).

Las advertencias de Pierre Capel resultaron justificadas: el sistema inmunitario está destruido

Científicos independientes, como el profesor holandés de inmunología experimental Pierre Capel, llevan advirtiendo desde el verano de 2020 que las inyecciones de ARNm suponen un enorme peligro potencial para la salud, porque permiten que el propio cuerpo produzca la parte más tóxica del coronavirus, la proteína Spike. Sin embargo, los políticos y los parlamentos se negaron a escuchar las voces críticas; las "inyecciones" masivas iban a realizarse, ya que sería la "única solución".

Ahora sus temores parecen estar justificados. En la mayoría de las personas, el sistema inmunitario no parece volver a su estado normal y natural después de las inyecciones de Covid. Las personas no vacunadas tienen ahora un sistema inmunológico que funciona mucho mejor (al menos 5 veces más fuerte), también contra todo tipo de variantes de corona / Covid. Con los vaxxers ocurre lo contrario; la impactante degradación a MIN 81% se produjo por el siguiente cálculo:

Porcentaje de "casos" no vacunados (en Canadá) - Porcentaje de "casos" vacunados / porcentaje más alto de no vacunados / porcentaje de vacunados = estado del sistema inmunitario. En números: 418.4 - 2220.23 = 1801.83 / 2220.23 x 100 = - 81.55%. (Anteriormente las mismas estadísticas oficiales mostraban una desconcertante eficacia de la vacuna del MIN 425%).

Absurdo: Los fuertes no pueden hacer casi nada, los débiles pueden hacer cualquier cosa

Por tanto, al canadiense medio que se vacuna sólo le queda un 18,45% de su sistema inmunitario para luchar contra todo tipo de virus, cánceres, etc. La cuestión es si el 18,45% restante también habrá desaparecido, no quedará ninguna resistencia y todas estas personas habrán contraído el SIDA.

A pesar de esto, son precisamente aquellos con un sistema inmunológico intacto los que ahora están siendo excluidos de partes de la sociedad con códigos QR y tarjetas de vacunación, y aquellos con un sistema inmunológico destruido en varias etapas a los que se les permite una vez más hacer cualquier cosa, e "infectar" a los demás con cualquier cosa y todo. Lo que normalmente no sería un problema, pero ahora la completamente inocente variante Omicron, e incluso cada simple resfriado que no causaría más que una nariz que moquea o tos en personas no vacunadas, puede literalmente convertirse en una amenaza para la vida.

Todos los argumentos a favor de todas las medidas ya han sido aplastados

En cualquier caso, las cifras canadienses han aplastado innegablemente todos los argumentos a favor de los pases de vacunas, de los códigos QR y, desde luego, de la vacunación obligatoria, y deberían ser razón suficiente para que cualquier político que aún tenga algo de interés en sus electores, y no sólo en los de la Gran Farmacia y su propia posición, intervenga y deje de administrar inmediatamente estas inyecciones experimentales de manipulación genética disfrazadas de "vacunas".

Esperemos que se produzca un milagro y los sistemas inmunitarios de millones de vacunados se recuperen espontáneamente con la máxima urgencia. Si no es así, podemos estar en vísperas de una catástrofe sanitaria inimaginable que desbordará por completo nuestra atención médica, y que puede ser aprovechada por las autoridades para implantar la dictadura más dura e inhumana que hayamos conocido en nuestra historia.

Según los investigadores, la variante VB del VIH, ahora descubierta, habría permanecido sin detectar en la UE durante más de dos décadas. Se habría encontrado repentinamente a partir de la base de datos de pacientes con VIH y de una docena de casos existentes con una carga viral inusualmente alta.

¿De verdad? En medio de la evidencia cada vez mayor de un próximo brote de Vax-VIH, se descubre "accidentalmente" una nueva variante virulenta en la UE de top-vax, que supuestamente ha existido desde la década de 1990? Con la corona (que los mejores científicos ya dijeron en la primera mitad de 2020 que contiene elementos claros del VIH, que sólo podría haber sido desplegado en un laboratorio *), por supuesto, no debería tener nada en absoluto que ver, y mucho menos con las inyecciones Covid.

¿Muertes diarias?

En una sola base de datos ya se han registrado 3,2 MILLONES de casos con efectos secundarios supuestamente "raros" - ¿A la vista de estas cifras, los políticos que siguen imponiendo estas "vacunas" son realmente criminales que ponen en peligro la vida?

Las cifras de la base de datos oficial de la OMS en Uppsala (Suecia) confirman una vez más la carnicería causada por las inyecciones de manipulación genética Covid-19. En las últimas semanas, 68 personas mueren cada día a causa de estas "vacunas". Además, ya se han registrado 3,2 millones de casos de vaxxers con efectos secundarios supuestamente "raros". Si se considera entonces que no está del todo claro hasta qué punto esta base de datos de la OMS contiene las cifras igualmente escandalosas de la EMA europea (EudraVigilance) y del VAERS estadounidense, se puede suponer con seguridad que el número real de víctimas de este vaxxicidio (genocidio vacunal) es mucho mayor.

Lo sorprendente de la base de datos de la OMS es que también consta de un gran número de categorías en las que se dividen las víctimas de la vacuna. Un efecto secundario "principal", como la "discapacidad", siempre se divide en muchos subdiagnósticos que en realidad equivalen a lo mismo. El motivo de esto es obvio: mantener las cifras visualmente lo más bajas posible, lo que tiene un antiguo efecto psicológico engañoso. Pensemos, por ejemplo, en la acción: la mayoría de los artículos tienen un precio tan bajo que los clientes llenan rápidamente toda su cesta. Al fin y al cabo, "todo es tan barato". En la caja, de repente salen con una cantidad considerable.

Las bases de datos crean una falsa sensación de seguridad

Si alguien quisiera estudiar todas las enfermedades y afecciones que entran en las categorías mencionadas, tardaría meses. Así que incluso si las autoridades quisieran vigilar de cerca la supuesta "seguridad" de las "vacunas" de manipulación genética Covid, no podrían hacerlo, dada la gigantesca cantidad de datos y la forma en que se han recopilado.

Por lo tanto, estas bases de datos parecen estar diseñadas principalmente para dar al público la falsa impresión de que todo está siendo supervisado adecuadamente. En realidad, nadie está supervisando la seguridad de las inyecciones de Covid-19 en absoluto, porque nadie puede hacerlo.

Hay que tener en cuenta que los efectos secundarios que se notifican proceden principalmente de personal médico independiente y/o concienciado, y no de aquellos a los que se paga, directa o indirectamente, para vender estas "vacunas" como "seguras" y "eficaces" al público. Esta es una de las principales razones por las que la EMA/EudraVigilance europea sólo contiene el 6% del número real de víctimas, y la base de datos VAERS de Estados Unidos sólo el 1%. La notificación de los efectos secundarios se desaconseja gravemente y se hace casi imposible para los médicos de muchas maneras (como la administración extremadamente alta por caso).

El sufrimiento humano se encubre deliberadamente

También en la base de datos de la OMS, la búsqueda de casos concretos, es decir, de sufrimiento humano concreto, es en vano. Casi todo se oculta bajo fríos términos médicos o científicos que carecen de sentido para la mayoría de las personas. Esto crea deliberadamente una distancia entre los efectos secundarios y las víctimas, que son así esencialmente deshumanizadas. Como si no fueran más que "mala suerte", nada más que molestos "números", y no personas que alguna vez estuvieron sanas o vivieron.

Tomemos, por ejemplo, dos autopsias recientes de dos adolescentes que murieron repentinamente mientras dormían a causa de una miocarditis aguda, un efecto secundario reconocido de las inyecciones de Covid (en este caso de Pfizer). ¿Dónde se puede encontrar en la base de datos que los corazones de dos jóvenes sanos fueron fatalmente dañados por estas inyecciones de manipulación genética de Pfizer? En ninguna parte.

Los gráficos basados en cifras oficiales son inconfundibles

Eso no significa que no haya información útil que pueda extraerse de esta banda de datos. El empresario y analista Erik Boomsma ya lo hizo antes con la

EudraVigilance europea, desenterrando todo, un trabajo enorme. Un equipo de ScienceFiles hizo lo mismo con la base de datos de la OMS, principalmente para ver si realmente existe una relación estadística entre el creciente número de personas que se han "vacunado" y el número cada vez mayor de informes de reacciones adversas.

Y de hecho, incluso en estas semanas los signos son inequívocos, y hay numerosas enfermedades de la sangre, enfermedades del corazón, trastornos autoinmunes (como el síndrome de Guillain-Barré) y enfermedades graves atribuidas a 'Covid-19' que son el resultado directo de estas inyecciones de manipulación de genes 'vacuna'.

Estos aumentos desproporcionados son un indicio fuerte e innegable de que existe una relación causal directa con el número cada vez mayor de personas que se han inyectado en el último año. En la última semana, se han añadido 53.392 informes de personas con una o más reacciones adversas tras una "vacuna" Covid-19, lo que eleva el número total en la base de datos de la OMS a 3.258.829. 19.222 de estas personas registradas han muerto. En las últimas semanas, una media de 68 personas han muerto cada día a causa de la "vacuna" Covid.

Vaxxicida

Si aplicamos los porcentajes de Eudravigilance (6%) y del VAERS (1%), establecidos por investigaciones universitarias independientes, al número de muertes de la base de datos de la OMS, llegamos a un número real de muertes por la vacuna Covid de 320.367 y 1.922.200 respectivamente.

Por lo tanto, podemos afirmar sin temor a equivocarnos que en poco más de un año varios cientos de miles de personas han muerto con estas inyecciones de manipulación genética. Eso sin mencionar el número muchas veces mayor de personas que han sufrido efectos secundarios y enfermedades graves, a menudo permanentes.

Pero si luego llamas a eso un vaxxicidio (genocidio de vacunas), entonces eres un "pensador conspirativo", un "chiflado". Lo siento, pero a diferencia de la política y los medios de comunicación dominantes, no puedo ver ni un solo ser humano sin sentido asesinado bajo falsos pretextos como "daño colateral". Cada persona que, bajo gran presión del gobierno, del empleador o de la sociedad, se ha dejado engañar para recibir una inyección contra un virus respiratorio común, del que ciertamente la última variante es apenas perceptible, es un drama innecesario que podría y debería haberse evitado.

Y otra familia destruida

Al fin y al cabo, sólo sería su pareja, su hijo, su amigo o su familiar. Por ejemplo, la canadiense Chantelle Watt, cuyo marido de 34 años, perfectamente sano, cayó muerto de repente poco después de sus inyecciones de Covid en presencia de sus dos hijos pequeños.

En las redes sociales, Chantelle -como el 90% del resto de la gente que se creyó automáticamente las mentiras del gobierno- seguía siendo una firme defensora de los cierres, las vacunas y otras medidas. Hasta que su marido cayó muerto y, tras la autopsia, se reveló que su corazón se había destruido por completo en poco tiempo. No tardó en darse cuenta de que los antivacunas habían tenido razón todo el tiempo:

'Yo era una oveja. Lo admito rotundamente. Brandon y yo creíamos firmemente en la vacuna y mirábamos con suficiencia a los manifestantes, a los teóricos de la conspiración y a todos los mensajes antivacunas. A partir del 5 de noviembre, se me han abierto los ojos. Le debo a Brandon compartir por qué creo que ahora está muerto. Lo que le mató, y por qué sus hijas ahora no tienen padre".

Su corazón estaba muy dañado. Había tanto tejido cicatricial que literalmente no podía latir. No tenía ninguna posibilidad de reanimarlo". El informe oficial decía que todo su corazón estaba dañado -no sólo un ventrículo o una zona- de arriba a abajo. Completamente atacado, durante varios meses. El virus que lo mató fue probablemente la vacuna de ARNm".

¿Cómo se puede llamar a un gobierno, a un parlamento, a un instituto científico, a un órgano de comunicación y a todos los demás -como los ejecutores que colocan estas jeringuillas en las personas- que niegan o minimizan estas espeluznantes cifras y tragedias humanas, y que, por el contrario, siguen exigiendo con gran coacción que se inyecte a todo el mundo las mismas sustancias que ponen en peligro la vida, que no sean

¿Criminales?

¿Asesinos en masa?

¿O al menos cómplices?

¿La caída de Trudeau?

Esto no es sólo una lucha contra Trudeau. Él recibe órdenes de la FEM, al igual que Australia, Nueva Zelanda y Europa. Esta es una lucha por la libertad de los pueblos'

Amigos y enemigos se han maravillado en las últimas semanas de la increíble rapidez con la que el primer ministro canadiense, Justin Trudeau, perdió los nervios ante la masiva protesta de los camioneros. Con respuestas absurdas, como tachar a los camioneros de "nazis, antisemitas y homófobos", e insistir en que eran una "ínfima minoría" mientras el convoy de camioneros batía todos los récords, se hacía cada vez más increíble e imposible de ver a diario. Incluso en su propio partido, las cosas están empezando a sonar. El modelo de IA del economista estadounidense Martin Armstrong predijo hace años una "crisis de pánico" en la política en 2022, con Canadá a la cabeza. ¿Se acerca realmente el momento de la caída de Trudeau, y si es así: cuántos lacayos y recaderos de Klaus Schwab -también pensamos en nuestro régimen nacional del FEM Rutte/Kaag- le seguirán?

Como economista de prestigio internacional, Armstrong ha estrechado personalmente la mano de Schwab y le ha mirado a los ojos, escribe. 'Dudo que mucha gente que habla de él entienda la verdadera naturaleza de su agenda'. Trudeau comenzó a seguir las órdenes de Schwab en 2018, y lo mismo puede decirse de muchos otros líderes occidentales, como Rutte y Kaag. En este contexto, Armstrong señala un vídeo del FEM en el que el primer ministro australiano, Morrison, promete destruir la economía con cierres de piedra para que Schwab pueda impulsar brutalmente su "economía de las partes interesadas", el "cambio climático" y el fin de todo lo "fósil" (= prosperidad y libertad).

"Nadie ha sido elegido para llevar a cabo el Gran Reajuste

Estas personas elegidas NO representan al pueblo", continuó Armstrong. Nadie hizo campaña con esta agenda (Great Reset / Build Back Better). Para ser elegidos mienten, y luego reciben órdenes del Foro Económico Mundial. Todos los países que han oprimido más a su gente con esto (cierres de Covid, restricciones de distanciamiento social, vacunas forzadas, etc.) ¡están siendo controlados por Schwab!'

Schwab intenta con todas sus fuerzas imponer sus teorías económicas (marxistas) al mundo, y lo hace de una manera mucho más directa que Karl Marx. Al igual que los comunistas, el mandamás de la FEM quiere hacerse con el control total de todas las empresas, y empezar a decidir qué pueden/deben producir, cuánto, en qué condiciones, y si deben seguir existiendo.

Los fondos de pensiones son absorbidos por proyectos climáticos sin sentido

Una parte importante de esto es el vaciado completo de los fondos de pensiones. Los de los Países Bajos eran, con diferencia, los más ricos de Europa, pero han sido entregados de forma experta por el régimen de Rutte -y en gran medida sin que los medios de comunicación y el pueblo lo vean- a la UE y al FEM para apuntalar el euro y financiar la igualmente costosa y devastadora agenda climática, que debe conducir a una dictadura comunista de superestado europeo.

Las pensiones australianas corren ahora la misma suerte. El mayor fondo de pensiones, según el Financial Times, "invertirá" 27.300 millones de euros en Gran Bretaña y la UE, según Armstrong puramente "en proyectos deficitarios (= proyectos climáticos/de energía verde), para ayudar a la Europa que se hunde e ignorar a su propia gente. Por supuesto que le dan un giro diferente, pero no hay razón para invertir en Europa ahora que está en graves problemas (financieros-económicos)".

Hay que romper el control de Schwab sobre los países

Los camioneros canadienses están en un momento excelente, continúa el economista. Necesitan romper el agarre que Schwab tiene en la garganta de Canadá (y de los Países Bajos)". Mientras tanto, la protesta de los camioneros se ha ampliado. Por ejemplo, las empresas de remolque se niegan a trabajar para el gobierno y a remolcar a los camioneros. 'Tienen que poner al gobierno de rodillas. Incluso su propio partido está empezando a tomar medidas. Trudeau es débil y tonto al escuchar a Schwab, a quien no le importa en absoluto su futuro. Lo único que le importa a Schwab es imponer sus teorías económicas a todo el mundo'.

Esto NO es sólo una lucha contra Trudeau. Él recibe órdenes del FEM, al igual que Australia, Nueva Zelanda y Europa. Esta es una lucha por la libertad de los pueblos'.

Los que apoyan a gente como Biden y Trudeau (y Rutte, Kaag y Timmermans) no tienen ni idea. Son ovejas que se niegan a abrir los ojos al hecho de que se trata de una seria conspiración internacional para imponer la filosofía económica de un hombre terriblemente enfermo por medios antidemocráticos. Esto no es una teoría de la conspiración. Se trata de la mejor conspiración organizada para apoderarse del mundo, que va mucho más allá de lo que se ha visto en las películas de James Bond".

La misma estrategia se utilizó en su momento para introducir el euro, moneda que habría sido rechazada por todos los pueblos europeos si se hubiera sometido a referéndum.

El canciller alemán Helmut Kohl admitió con pesar que habría perdido un referéndum de este tipo con un 70% de votos en contra, por lo que introdujo el euro por razones puramente ideológicas (el siguiente paso hacia un superestado europeo).

Pero "el colapso del euro es probablemente inevitable alrededor de 2026/2027", advierte Armstrong. 'Con exactamente la misma estrategia, estos líderes mundiales están ahora tratando de impulsar la agenda 2030 (Gran Restablecimiento) de Schwab, sin permitir NUNCA que la gente vote sobre ella, ni siquiera darse cuenta de que esta agenda existe.

Lo llaman teoría de la conspiración, para que la gente siga ciega ante el mismo concepto y estrategia que creó el euro".

Los periodistas que le apoyan son marxistas y traidores

Cualquier periodista que niegue esta agenda es, en su opinión, un marxista disfrazado. No respetan nuestro futuro, nuestros derechos humanos, ni nada que haga que merezca la pena vivir. Hemos nacido con derechos inalienables (como el derecho a la autodeterminación sobre nuestro propio cuerpo y nuestra propia salud, que ahora se está pisoteando), no para ser esclavos económicos bajo un poder central". A los periodistas que están detrás de la agenda del FEM los llama "traidores".

'Se trata de una conspiración para hacernos esclavos de las desquiciadas teorías económicas de un hombre que ha adoctrinado al mundo de forma extraordinariamente inteligente', concluye Armstrong. 'Y le he mirado a los ojos cara a cara. La mayoría de los comentaristas no pueden decir eso'.

¿Bankrun en Canadá?

El próximo golpe de estado del Foro Económico Mundial contra Occidente se inicia en Canadá

El primer ministro liberal de izquierdas de Canadá, Justin Trudeau, se ha revelado finalmente como un dictador fascista duro como una roca al declarar la ley marcial contra las protestas de los camioneros, perfectamente pacíficas y ampliamente apoyadas. Su decisión extrema de que el gobierno puede ahora embargar las cuentas bancarias de la gente en cualquier momento sin una orden judicial parece haber causado una corrida bancaria inmediata en el país, según algunos informes aún no confirmados.

Según numerosas publicaciones en las redes sociales, se está sacando tanto dinero de los bancos que los sitios web de los principales bancos de Canadá (Royal Bank, Bank of Montreal y CIBC Bank) están todos fuera de línea en este momento.

'De camino a casa, paré en el banco para sacar todo mi dinero excepto lo suficiente para domiciliarlo como un seguro', escribió alguien en Twitter. 'Oí que la pareja que tenía delante, de Europa del Este, también pedía cientos de miles. Sólo dos clientes, casi medio millón. Buen trabajo, junior!'

Ahora que el régimen canadiense se ha convertido en una tiranía totalmente anárquica y ha ilegalizado de hecho al pueblo, los ciudadanos ya no confían en sus gobiernos y bancos. Con razón, muchos piensan que si el gobierno puede confiscar el dinero recaudado para los camioneros y bloquear sus cuentas, lo mismo puede ocurrirles a ellos si se atreven a discrepar de Trudeau.

Los canadienses, por cierto, ya no pueden salir libremente del país. Esto también se permite sólo si se cumplen todas las estrictas reglas de Trudeau. Las redes sociales están ahora estrictamente censuradas como en China. La libertad de expresión ha desaparecido por completo - excepto, por supuesto, para aquellos que proclaman la "opinión" de Trudeau.

Pronto la UE y los Estados Unidos también si el FEM se sale con la suya

Lo que está ocurriendo en Canadá, es decir, el siguiente paso en el golpe del Foro Económico Mundial de Klaus Schwab, que es hostil a los seres humanos, también puede esperarse a corto y medio plazo en Estados Unidos y la Unión Europea. Al fin y al cabo, el eslogan del FEM dice:

'No serás dueño de nada'.

Y ese "nada" incluye, además de tus finanzas y posesiones, TODAS tus libertades y control, incluido el derecho a decidir sobre tu propio cuerpo y salud.

Puedes olvidarte de la parte de "serás feliz". Los únicos que se alegrarán son los actuales poderes fácticos, con Klaus Schwab, Bill Gates y George Soros a la cabeza, además de todos sus lacayos en la política nacional e internacional.

Canadá ha sido "elegido" para iniciar una nueva fase hacia la dictadura comunista más dura e inhumana que este planeta haya conocido. Puedo decir que esto también podría ocurrir en los Países Bajos si los ciudadanos, las empresas, las instituciones y las fuerzas del orden no se levantan pacíficamente en masa y dicen NO a esta destrucción deliberada de todo lo construido después de la Segunda Guerra Mundial.

Además, ¿quién se cree -salvo los idiotas útiles y todos los aprovechados de estos estados enfermos- las promesas vacías diarias de "nuestros" dirigentes? He oído a muchas personas que han enfermado rabiosamente después de la vacuna de refuerzo, para quienes esto es realmente la gota que colma el vaso de su fe. '¡No ha servido de nada! Simplemente mintieron. Conmigo, la jeringa no volverá a entrar'. O 'Me he hecho cuatro pruebas seguidas; dos fueron positivas, dos negativas. Que se cuiden con la cuarentena, esto ya no tiene sentido'.

En Europa, la guerra con Rusia parece convertirse en el pretexto para impulsar de una vez por todas el Gran Reajuste -¿Posición?

Como hemos escrito muchas veces, los gobiernos occidentales en bancarrota están buscando desesperadamente pretextos como la plandemia de Covid para imponer la dictadura comunista del "Gran Reset" en sus países. También hemos advertido regularmente que las protestas a gran escala -ya sean espontáneas u orquestadas- pueden ser utilizadas como pretexto para declarar el estado de sitio con el fin de impulsar el "Great Reset" de una vez por todas.

De hecho, eso es lo que parece estar a punto de ocurrir con el Convoy de la Libertad en Canadá, sobre el que hemos estado informando con cautela desde el principio. El Primer Ministro Justin Trudeau está de hecho considerando declarar la Ley Marcial. En Europa, una guerra de falsa bandera con Rusia sería la oportunidad perfecta para que nuestros gobiernos aplasten nuestros últimos jirones de libertad. En otras palabras, el golpe de mazo del que hemos advertido muchas veces parece estar llegando.

El tirano canadiense habría convocado anoche a su gabinete para la posible activación de la Ley de Emergencias, haciendo realidad el estado de emergencia / estado de sitio.

Hoy hablaría con todos los primeros ministros sobre esto. Si están de acuerdo, entonces Trudeau podría utilizar la fuerza extrema para poner fin al Convoy de la Libertad, que ha sido completamente pacífico, que no ha dañado nada y que goza de un apoyo popular abrumador.

Las leyes de emergencia "temporales" nunca desaparecen por sí solas

Desde 2020, hemos podido comprobar lo que ocurre con las llamadas leyes de emergencia "temporales": nunca desaparecen. Si Trudeau efectivamente sumerge a su país en la Ley Marcial, entonces al pueblo canadiense sólo le queda una cosa por hacer para recuperar su libertad: tratar de deponerlo con todos los medios posibles.

Desgraciadamente, incluso un levantamiento popular y una revolución de este tipo parecen jugar a su favor, a menos que la resistencia sea tan masiva y unida que la policía y el ejército también se pongan del lado de los ciudadanos.

París: Gases lacrimógenos contra manifestantes pacíficos

En Francia, como parte de la variante europea del Convoy de la Libertad -hasta ahora una pálida sombra del original canadiense- las manifestaciones masivas fueron tratadas con gas lacrimógeno en París, con familias inocentes sentadas en terrazas que también se convirtieron en víctimas. Lo más probable es que el compañero dictador de Trudeau, Emanuel Macron, se esté frotando las manos, ya que esto le dará otra arma para declarar la condición de Estado también en Francia.

¿Migraciones en Nueva York?

La ciudad de "Lady Liberty" se convierte rápidamente en un infierno totalitario del Foro Económico Mundial

Cada día, 1.300 personas abandonan la liberal Nueva York de izquierdas y se marchan a la derechista Florida, donde apenas hay medidas de Covid y todavía existe la libertad. Nueva York es uno de los ejemplos de libro de texto de la dictadura totalitaria del "Gran Reajuste" que el Foro Económico Mundial de Klaus Schwab intenta imponer a todo el mundo, pero especialmente a Occidente.

La gobernadora Kathy Hochul propuso una nueva "normativa" en torno a la Navidad que puede calificarse nada menos que de tiránica, y que el Consejo de Salud Pública del estado votará en breve. Si está de acuerdo, hay mucho en juego, ya que la gente puede ser detenida arbitrariamente en la calle, y los niños en la escuela pueden ser vacunados a la fuerza sin el consentimiento de sus padres.

El alcalde Eric Adams ya ha despedido a más de 1.400 funcionarios, policías, bomberos y más de 900 profesores por negarse a ser inyectados. Mientras tanto, en todos los lugares de Nueva York, los autoproclamados BOA y otros empleados "vaxxistas" respetuosos con la ley te tratan inmediatamente de forma agresiva en cuanto te atreves a dejar el protector bucal bajado durante unos segundos de más tras dar un sorbo a tu bebida.

Se están produciendo robos a mano armada a plena luz del día en barrios y calles que antes eran seguros. En el Soho, una costosa boutique fue asaltada y robada por unos 50.000 dólares.

Vacunación forzosa de los niños en las escuelas

Y eso es sólo el principio de la miseria, ya que el nuevo borrador de la normativa Covid de la gobernadora Kathy Hochul está a punto de aplicarse. Sin que los parlamentarios puedan votar sobre ella, el Consejo de Salud Pública está considerando ahora una ley extrema que permitirá al Estado etiquetar arbitrariamente a CUALQUIER persona como "peligro para la salud" y detenerla. Además, los detenidos no tendrán ningún derecho a partir de entonces. Los "disidentes" -incluidos los manifestantes por la libertad- pueden entonces ser detenidos y encarcelados sin juicio.

Además, el gobernador puede hacer obligatorio el uso permanente de mascarillas y prohibir todas las visitas a las residencias de ancianos.

Además, se permitirá a las escuelas "vacunar" por la fuerza a los estudiantes sin el consentimiento de los padres y, por tanto, inyectarles las inyecciones de manipulación genética Covid-19, que han demostrado ser una amenaza para la vida. Además, la Junta de Regentes del Estado de Nueva York va a votar un requisito de vacunación general para todos.

'Schwab utiliza la sanidad en todas partes como medio para imponer el marxismo'

Nueva York está cayendo en un pandemónium total", concluye el economista estadounidense Martin Armstrong. Esto forma parte de la agenda de Schwab: utilizar la salud como medio para imponer el marxismo". Aquí también está la imagen auténtica de Schwab en su despacho, donde tiene una estatua de Lenin.

Y a partir de este hombre, el régimen holandés VVD66 está implementando su completa agenda de 'Gran Reset' / 'Reconstruir mejor', que también está convirtiendo a nuestro país paso a paso en una dictadura totalitaria de vacunación climática en la que 'no serás dueño de nada' (pero el gobierno/bancos/complejo farmacéutico todo, incluso TU cuerpo y TU salud).

La FEM puede ser calificada de organización terrorista

Por lo tanto, Armstrong califica al FEM como una "entidad extranjera cuyo objetivo manifiesto es el control total del mundo y el derrocamiento de Estados Unidos" (así como de las democracias europeas, en la medida en que sigan mereciendo esa denominación).

Por lo tanto, contribuir y aplicar el programa del FEM-Grande Reinicio equivale a una traición al pueblo y a la nación, cuyos autores en la política, las instituciones, la ciencia y la sanidad deberían ser juzgados por un tribunal militar.

Por lo tanto, es bastante concebible que la FEM sea etiquetada oficialmente como una organización terrorista internacional que es muchas veces más peligrosa que el ISIS, Al Qaeda, Hezbolá y todos los demás grupos islámicos extremistas juntos.

Desarrollo del detector de fotones

Radarchip podría incorporarse más adelante a los teléfonos inteligentes - La nueva tecnología contribuye a que la red inteligente convierta todo el planeta en una gigantesca prisión digital de la que es imposible escapar.

Mientras que en algunos países las medidas Covid se están suavizando -seguramente sólo de forma temporal- o incluso se están levantando, el trabajo de construcción de una sociedad totalitaria transhumana (bio)-controlada continúa sin descanso. Científicos de la Universidad de Sidney están desarrollando un radar de fotones que puede utilizarse para escanear objetos y también cuerpos humanos a grandes distancias.

El dispositivo, que no funciona con ondas de radio sino con ondas de luz, es tan sensible con su resolución ultra alta (1,3 centímetros) que puede detectar la ubicación, la velocidad y la posición (ángulo) con una precisión de centímetros. En combinación con la nanotecnología 5G inyectada mediante "vacunas", puede utilizarse para establecer un sistema de control hermético del que nada ni nadie podrá escapar.

El "radar fotónico avanzado" puede, por ejemplo, vigilar continuamente si alguien respira y cuál es su ritmo cardíaco. Por tanto, la tecnología puede utilizarse también en los hospitales.

De este modo, un radar puede monitorizar a todos los pacientes simultáneamente (así como a todos los demás en el hospital). Por lo tanto, la conexión física con el propio monitor externo ya no será necesaria para todos los pacientes.

Radar basado en ondas de luz

Los sistemas de radar tradicionales funcionan con ondas de radio de diferentes frecuencias. Cuanto más alta es la frecuencia, más detallada es la imagen de un objeto -por ejemplo, un avión-. Sin embargo, los radares de gran ancho de banda son complejos y muy caros.

El equipo australiano ha ideado una solución para ello: un radar basado en ondas de luz. En realidad, utilizamos un truco fotónico para generar un radar de gran ancho de banda, sin necesidad de una electrónica muy rápida", explicó el profesor Benjamin Eggleton, investigador principal y director del Instituto Nano de la Universidad de Sydney. Y ésa es la magia".

El radar de fotones, que tiene una resolución extremadamente alta de 1,3 centímetros, se dice que es inofensivo para los seres humanos y los animales, y se está probando primero en sapos. Si la tecnología se considera segura, se realizarán pruebas en humanos. Una vez que se desarrolle un prototipo avanzado, se podría introducir una versión en miniatura en los teléfonos inteligentes, afirman los científicos.

Es imposible escapar de la red inteligente en construcción

Junto con la "red inteligente" 5G (más tarde 6G) que se está construyendo en todo el mundo y la nanotecnología inyectada en miles de millones de personas a través de "vacunas", el mundo entero, incluidos todos los objetos y todas las personas, pronto será supervisado, controlado e incluso dirigido o "corregido" en tiempo real por sistemas de inteligencia artificial. El planeta entero se convertirá así en una gran prisión digital permanente en la que ya no habrá ninguna forma de privacidad, y la "libertad" estará sujeta a reglas muy estrictas.

En términos metafísicos, incluso se podría concluir que se está creando una especie de "dios": 'Lo veo todo y en todo momento, y sé exactamente lo que estás haciendo y pensando'.

La tecnología que permite leer y controlar los pensamientos lleva años en desarrollo (véase, entre otros, nuestro artículo del 23 de diciembre de 2021: Un tribunal condena a un profesor de Harvard por la patente de una nanotecnología de control mental 5G que puede inyectarse en vacunas), así como sistemas de "pre-crimen" que podrían predecir si alguien va a cometer un delito y dónde.

En cualquier caso, la obediencia absoluta ("adoración") a este "dios" de la I.A. pronto será muy fácil de imponer - excepto para aquellos que no se han dejado inyectar/manipular genéticamente, y se niegan sin reservas a ser incluidos en esta "red". Serán tachados de disidentes no deseados, y ya corren el peligro de ser expulsados de la sociedad (= esta vida) con los métodos más duros posibles dentro de unos años.

¿Quién pondrá fin a esta élite globalista?

En cualquier caso, el Pentágono ya se está frotando las manos con regocijo por el nuevo radar de fotones, pues seguramente no pensarán que esta maravillosa tecnología se utilizará a gran escala en beneficio de la humanidad. Eso sólo podrá ocurrir cuando esta completa élite de poder globalista Rockefeller-Rothschild, con sus infames cabezas Bill Gates, Klaus Schwab y George Soros, junto con sus instituciones como el FEM, la ONU/OMS, el IPCC, la OTAN y el FMI, hayan sido eliminados de la escena.

¿Pero quién va a hacerlo, ahora que prácticamente todos los gobiernos y administraciones -especialmente los holandeses- están completamente en su poder y bailan a su son? Tal vez se pueda extraer alguna esperanza del hecho de que este club de administradores nacionales e internacionales, desenfrenadamente codicioso y completamente corrupto, se rige ahora puramente por el engaño, la mentira, la falsedad y la traición, y por esa razón no habrá verdadera confianza entre ellos.

Por eso creo que tarde o temprano los globalistas se volverán unos contra otros y se atacarán como bestias feroces. Sólo temo que esto vaya acompañado de terribles guerras y de un número inimaginable de víctimas si los pueblos no consiguen recuperar su libertad y autodeterminación en muy poco tiempo.

¿Terror espacial?

Acelerador de superpartículas supuestamente utilizado para la manipulación del clima y los intentos de cambiar la línea de tiempo, según algunas teorías.

Mientras todo el mundo ha estado distraído por la guerra en Ucrania, el miedo a una Tercera Guerra Mundial con Rusia, y el inminente crack financiero que pondrá en marcha la "Gran Destrucción" y luego el "Gran Reset" para instalar una dictadura totalitaria global de vacunas climáticas, algo ha estado sucediendo en el fondo que proporciona forraje para las viejas y nuevas especulaciones sobre la apertura de portales a otras dimensiones.

Efectivamente, el Gran Colisionador de Hadrones del CERN (Consejo Europeo de Investigación Nuclear) ha vuelto a ponerse en marcha. Situado en la frontera entre Suiza y Francia, este mayor acelerador de superpartículas del mundo es más potente que nunca tras una actualización de tres años. Según algunas teorías, el colisionador se ha utilizado durante varios años para intentar manipular el clima, e incluso para cambiar la línea del tiempo.

Descubrimientos espectaculares

El LHC, de 7.500 millones de euros, es con diferencia el instrumento científico más caro del mundo y se construyó entre 1998 y 2008, alcanzando la inimaginable energía de 13 TeV (teraelectronvoltios) en

2015. Los científicos del CERN llevan realizando experimentos con partículas únicas desde 2009-2010 y han descubierto varias cosas sorprendentes a lo largo de los años, como el famoso bosón de Higgs ("partícula de Dios") en 2012.

Los físicos del experimento LHCb descubrieron el año pasado que la realidad está probablemente estructurada de forma diferente a lo que pensamos. Los resultados del experimento de Física de Altas Energías (hep-ex) 'Test of Lepton universality in beauty-quark decays' se reducen más o menos al hecho de que la naturaleza parece tener una (quinta) fuerza fundamental desconocida, que socavaría el modelo estándar utilizado hasta ahora.

En enero, el LHCb habría detectado las llamadas partículas X de los primeros segundos del nacimiento del universo. Esto ha sido calificado como "uno de los mayores descubrimientos científicos recientes".

En 2025 se iniciará el proyecto del LHC de alta luminosidad (HL-LHC), diseñado para hacer que el acelerador sea aún más eficiente para recoger más datos de los experimentos. Por cierto, en 2019 el CERN presentó el plan para un acelerador de partículas aún más grande, el Futuro Colisionador Circular de 100 kilómetros, que debería costar unos 10.000 millones. En comparación, el LHC tiene "solo" 27 kilómetros de longitud.

Experimentos de manipulación meteorológica

Dado que el CERN ha realizado anteriormente experimentos de creación de nubes artificiales para comprender mejor el cambio climático, algunos afirman que la "máquina" se utiliza en secreto para manipular el clima.

¿Máquina del Juicio Final?

Los científicos suelen rechazar las especulaciones de ciencia ficción según las cuales el enorme acelerador de partículas circular podría utilizarse para abrir agujeros negros destructivos o, por el contrario, portales a otras dimensiones.

Sin embargo, en su momento un grupo de científicos trató de impedir la puesta en marcha de la "máquina del día del juicio final" del LHC porque los experimentos podrían producir los llamados "agujeros negros", que en el peor de los casos podrían "tragarse" completamente la Tierra en 4 años. El intento fracasó, pero, sin embargo, el colisionador tuvo que cerrarse pronto por problemas técnicos.

Un científico del CERN sugiere una puerta a otra dimensión

Tras la falsa puesta en marcha en 2008, el Gran Colisionador de Hadrones se puso en marcha en 2009. Cuando en diciembre de ese año se filmó en el cielo nocturno de Noruega un fenómeno inexplicable de tipo espiral, algunos lo relacionaron con la puesta en marcha del acelerador de partículas en Ginebra.

Surgieron todo tipo de teorías descabelladas al respecto; por ejemplo, se dijo que el dispositivo era en realidad un "Stargate" gigante, una puerta de entrada a otra dimensión de la que podrían salir alienígenas u otras entidades.

Al principio, estas historias apenas fueron tomadas en serio por nadie, hasta que el científico del CERN Sergio Bertolucci asombró a amigos y enemigos en 2010 con su afirmación de que el colisionador podría efectivamente abrir una puerta a otra dimensión "de la que podría surgir algo", según su descripción literal. Más tarde, se dice que, posiblemente bajo presión, restó importancia a su declaración al afirmar que con "algo" sólo se refería a nuevas partículas desconocidas.

A finales de 2010, el acelerador volvió a ser noticia cuando documentos internos del CERN revelaron que el riesgo de que se liberaran partículas subatómicas peligrosas durante los experimentos era mucho mayor de lo admitido oficialmente.

El Dr. Frank Wilczek, premio Nobel, llegó a advertir que el colisionador podría producir los llamados strangelets negativos que harían que todo nuestro planeta se contrajera en una bola ultradensa de sólo 15 kilómetros de espesor. El CERN señaló que había construido un dispositivo especial, el CASTOR, para detectar estos strangelets.

¿Retorno Annunaki, el diablo o el anticristo?

Frente al edificio principal del CERN -que tiene "666(/6)" en su logotipo- hay una estatua de la deidad hindú Shiva, el dios del tiempo, la destrucción y la transformación. Algunos dicen que esta imagen religiosa simboliza los esfuerzos secretos del CERN para abrir otras dimensiones, y específicamente para abrir un "portal" para el regreso de los Annunaki (una raza alienígena, según los esotéricos) a la Tierra.

Otros pensaron (/piensan) que la "máquina" abrirá en realidad una "puerta" al "inframundo", las moradas dimensionales de los seres oscuros llamados "demonios" y "diablos" en la Biblia.

En los círculos cristianos de la época, circulaba la historia de que el diablo / Lucifer, "el anticristo" y/o su "espíritu" emergería del portal, tras lo cual tomaría el poder sobre el mundo entero. Dado que esto no parece haber sucedido todavía, estas viejas especulaciones probablemente se reavivarán con el reinicio del LHC.

Otras líneas de mundo/tiempo

Otra teoría "fantástica" es que con el LHC se habría descubierto una forma de viaje en el tiempo. A principios de este siglo, un tal John Titor apareció en canales alternativos afirmando ser un viajero del tiempo de 2036. Dijo que el LHC conduciría al descubrimiento de otras "líneas del mundo" (líneas de tiempo) y, por tanto, a una forma de viaje en el tiempo. También predijo cosas como una guerra nuclear, que (hasta ahora) no se han producido.

En 2009, Titor fue supuestamente desenmascarado como un bulo, pero sin embargo, la insignia militar que supuestamente trajo del futuro recuerda a la pantalla de carga de la web del CERN en 2019, que tenía bastantes similitudes con ella.

Engañador o no, físicos matemáticos como Irini Aref'eva e Igo Volovich sugirieron que en algún momento el LHC será lo suficientemente potente como para doblar ("deformar") el espacio-tiempo y crear agujeros de gusano. Esto permitiría viajar en el tiempo hasta el momento en que se encendiera la máquina.

Con esta tecnología de deformación, también sería teóricamente posible manipular y alterar la línea de tiempo espacial existente para llevarla a un determinado resultado "deseado". Se especula que esto ya se está haciendo para adelantarse a un gran "despertar" del mundo, y desde una perspectiva religiosa, para evitar una esperada y predicha intervención de Dios, o de la Luz. Este "fin de los tiempos", en este caso, no terminaría con una redención prometida, sino que sumiría a la humanidad - al menos, a la parte que sobrevivirá a este apocalipsis- en una horrible prisión "eterna".

Asesinato en Hong Kong

Hong Kong, con una política de "cero Covid", ha adoptado estrictas medidas de bloqueo, como el cierre de escuelas y parques infantiles. Una nueva decisión para traumatizar a los niños y enseñarles a ser completamente obedientes a las autoridades es el sacrificio masivo de hámsters, algunos de los cuales supuestamente dieron positivo en Covid-19 en una tienda de mascotas.

Como hace tiempo que se sabe que esas pruebas dan resultados completamente falsos en todo el mundo, cabe preguntarse si este genocidio de hámsters no es el preludio de un genocidio planificado de todas las personas no vacunadas.

El gobierno quiere matar a todos los hámsters nacidos entre el 22 de diciembre de 2021 y el 7 de enero de 2022, porque podrían ser "contagiosos" para los humanos. El funcionario médico Edwin Tsui, por cierto, reconoció que esto rara vez ocurre, y que es más probable que los dos empleados de una tienda de mascotas de 23 años fueran contagiados por otras personas.

El AFCD (Departamento de Agricultura, Pesca y Conservación) quiere ahora que los propietarios de hámsteres sometan a sus mascotas a la eutanasia. Todo aquel que entregue su hámster debe firmar una declaración de que lo hace de forma voluntaria.

Los habitantes de Hong Kong están acostumbrados a las protestas periódicas contra las medidas totalitarias, y ya han formado numerosos grupos de protesta en Internet. Cientos de personas se han ofrecido a cuidar de los hámsters de las tiendas de mascotas.

¿Hámsters ahora, sin vacunar pronto?

Michael Tien, miembro del Consejo Legislativo, cree incluso que todos los hámsters deberían ser confiscados y sacrificados. ¿Es esto un simulacro para cuando empiecen a tomar medidas contra los no vacunados?", se pregunta el economista estadounidense Martin Armstrong. No hay ninguna razón médica para introducir leyes tan crueles".

Creo que tiene razón. Se trata de otra prueba para ver cómo reacciona la gente ante la matanza de seres vivos a causa de un supuesto "virus". En este sentido, en la UE ya estamos condicionados desde hace tiempo con el sacrificio masivo de ganado (aves de corral) en las granjas, llamado eufemísticamente "sacrificio". Por ejemplo, los visones supuestamente infectados con "Covid-19" fueron sacrificados en masa en 2020. A principios de este mes, se sacrificaron 189.000 pollos en dos granjas avícolas de Bentlo por la supuesta presencia de gripe aviar.

La matanza de animales domésticos, como en Hong Kong, es el siguiente paso hacia el genocidio de todas las "criaturas" no deseadas que se niegan a seguir la falsa narrativa totalitaria Covid/bloqueo/vax impuesta por el gobierno.

O lo que es lo mismo: los no vacunados (todavía 1 de cada 6 de media en occidente).

También en la UE se ha sugerido ya en las redes sociales que las mascotas "infectadas" sean sacrificadas obligatoriamente. Según el gobierno, la posibilidad de "infección" por parte de su mascota es muy pequeña.

¿Tiene que desaparecer TODA la vida a veces?

Que los animales puedan contraer un virus respiratorio no es nada nuevo, y es en sí mismo LA prueba de que "Covid cero", o incluso sólo "contener" la corona, es una completa tontería porque un virus así nunca podrá ser erradicado - a menos que se pretenda hacer imposible (casi) TODA la vida en este planeta.

Teniendo en cuenta las insensatas y contraproducentes políticas occidentales de degradación del clima y de la energía, y ciertamente las igualmente mendaces y devastadoras medidas coercitivas de bloqueo, distanciamiento social y "vacunación", además de la incesante campaña de larga duración, actualmente llevada a niveles extremos, para provocar una gran guerra con una de las dos mayores potencias nucleares del mundo, empiezo a tener la sensación de que éste puede ser realmente el objetivo subyacente.

Si los miembros del régimen del FEM/OMS Rutte y de su falso parlamento "yes-man" son conscientes de ello, y/o tal vez incluso colaboran en ello, pueden responder mejor por sí mismos.

¿Irán y Rusia trabajando juntos?

Rusia protege los envíos de armas iraníes a Siria y deja impotente a Israel - El Kremlin traza una línea defensiva en torno a Siria; patrullas conjuntas de las fuerzas aéreas rusas y sirias.

En Oriente Medio se ha producido un cambio potencial en el juego. De hecho, Rusia ha comenzado a proteger activamente los envíos de armas iraníes a Siria de los ataques de bombas y misiles israelíes que se producen desde hace tiempo. Los rusos también utilizaron armas electrónicas para interrumpir los sistemas GPS israelíes durante algún tiempo ayer, afectando a los vuelos civiles al aeropuerto Ben Gurion, cerca de Tel Aviv. A medida que Rusia comienza a proteger más activamente a su aliada Siria, el Estado judío se ve prácticamente impotente. De hecho, Jerusalén nunca se arriesgará a una guerra con Rusia, ni siquiera con el apoyo casi automático de Estados Unidos a sus espaldas.

Los analistas de la inteligencia israelí consideran que dejar que los envíos de armas iraníes aterricen en la base aérea permanente rusa de Hmeymim, cerca de Latakia, es una "importante concesión a Irán, y el tercer revés para Israel en una semana".

El Kremlin ha hecho la vista gorda durante mucho tiempo a los ataques aéreos israelíes contra objetivos sirios porque el objetivo eran los envíos de municiones y armas iraníes al grupo terrorista islámico Hezbolá en

Líbano, y no el ejército sirio. Sin embargo, éste ya ha sufrido tantos daños por los bombardeos de los aviones de guerra israelíes que los rusos -tras advertir a Jerusalén en varias ocasiones- parecen haber decidido ahora que ya es suficiente.

Patrullas conjuntas de la fuerza aérea; línea defensiva alrededor de Siria

El presidente sirio Assad espera que el ejército ruso despliegue ahora también sus avanzados misiles antiaéreos S-300 y S-400 contra la fuerza aérea israelí. Moscú no parece querer ir tan lejos todavía, pero esa decisión está ahora mucho más cerca. Estos misiles pueden destruir aviones de combate israelíes en su propio espacio aéreo.

El 24 de enero, Rusia y Siria ya anunciaron patrullas conjuntas de las fuerzas aéreas sobre el Éufrates (frontera con Irak) y los Altos del Golán (frontera disputada con Israel). Dos días más tarde, el ejército ruso apostó una policía militar armada en la zona portuaria de Latakia.

Estas unidades estarían formadas en realidad por fuerzas especiales, que parecen estar desplegadas a causa de los ataques con misiles israelíes del 7 y 27 de diciembre contra el puerto de contenedores de Latakia. Allí se habrían almacenado armas iraníes destinadas a Hezbolá.

Advertencia a EE.UU.

El Kremlin ha planteado ahora claramente una línea defensiva alrededor de Siria, de la que, por cierto, Israel no ha sido informado oficialmente. El aumento de la protección rusa también puede estar relacionado con la crisis de Ucrania, y podría tomarse como una advertencia adicional a Washington de que cualquier guerra provocada por EE.UU., la UE y la OTAN no se limitará sólo a ese país.

Siria es uno de los mayores éxitos exteriores recientes del presidente Putin. Al intervenir de forma rápida y contundente, pudo evitar una casi segura Tercera Guerra Mundial iniciada por Bush tras apoyar al ISIS durante la guerra de Irak, y en los años siguientes, precipitar la guerra terrorista del ISIS creada y dirigida por la CIA para derrocar a Assad. Por lo tanto, muchos analistas militares están de acuerdo en que el IS(IS) fue derrotado no gracias a la administración de Obama.

¿Grandes reinicios = grandes fracasos?

El "Build Back Better" del "lunático de Davos" fracasará totalmente a partir de 2022 - Sólo con protestar no se detendrá una dictadura comunista autoritaria en Europa

El golpe comunista contra Occidente, como hemos llamado al Gran Reset del Foro Económico Mundial ("Build Back Better") desde 2020, estaba condenado al fracaso después de este año de todos modos, pero ya está empezando a fracasar. De hecho, después de la Fed estadounidense, el BoE (Banco de Inglaterra) también subió los tipos de interés. El Banco Central Europeo no puede seguir su ejemplo después de casi 8 años de tipos de interés cero/negativos, ya que eso provocaría inmediatamente el colapso de la ya tambaleante economía europea. La alternativa, sin embargo, produce exactamente el mismo resultado de forma diferente, y empobrecerá enormemente a los europeos, y ciertamente a los holandeses, en parte gracias a las devastadoras medidas de Covid y del clima, en muy poco tiempo. Así que disfruta de la (falsa) prosperidad que aún tenemos durante un tiempo, porque estos son literalmente los últimos días.

El Banco de Inglaterra subió el tipo de interés al 0,5% debido al rápido crecimiento de la inflación, resultado directo de las medidas de plandemia de Covid. Dado que el BCE ya ha aniquilado el mercado europeo de deuda pública (así como el poder adquisitivo, las pensiones, los ahorros y la mayor parte de la inversión

extranjera) con tipos de interés negativos desde 2014,
no es posible que siga su ejemplo sin desencadenar una
reacción en cadena inmediata hacia un crash sin
precedentes. La disparada inflación del momento es
solo el principio de eso.

**El "lunático de Davos" y su "reconstruir mejor"
después de la tercera guerra mundial**

Klaus Schwab, el máximo responsable del FEM, tiene
"un puño de muerte en la garganta de Europa", según el
economista estadounidense Martin Armstrong. A través
de su programa "Jóvenes Líderes" y de otros foros (con
Sigrid Kaag en la "nómina", entre otros, y el primer
ministro Rutte como partidario convencido) se ha
infiltrado -como nos dijo con orgullo hace unos años- en
numerosos gobiernos de todo el mundo con sus
seguidores. Tres miembros de la junta directiva del FEM
ocupan ahora altos cargos en la dirección de la UE, el
jefe del BCE y el jefe del FMI.

La Reserva Federal y el Banco de Inglaterra se defienden
ahora del ataque frontal del FEM a las economías y
sociedades occidentales. 'Esto deja al BCE solo con los
tipos de interés negativos, defendiendo las visiones más
oscuras de Schwab para nuestro futuro: el fin de los
gobiernos democráticos y provocar la Tercera Guerra
Mundial para poder implementar el 'Build Back Better'.

Armstrong caracteriza a Schab como "el lunático de
Davos que está cambiando el mundo", y es otro
académico más que se adentra en la siempre fallida

senda comunista de Karl Marx; la senda que promete a los pueblos un estado utópico con prosperidad y seguridad permanentes, pero que siempre y en todo momento deja a los ciudadanos con todo lo contrario, pobreza y opresión.

Schwab se aferra a la creencia marxista de que los académicos son capaces de rediseñar la economía mundial. Al igual que Marx, cree que tiene la capacidad mental para entender y reformar el mundo. Ha convencido a los líderes mundiales (como Mark Rutte) para que escuchen sus tonterías, cuando se ha demostrado que en todos los lugares donde se intenta, sale mal".

El hombre mismo cambiará para siempre

Pero Schwab les ha convencido de que esta vez funcionará y ganarán aún más poder. ¿Alguien de esta gente, que es incompetente para gobernar el mundo, sabe algo de cómo funciona la economía? El comunismo y el socialismo siempre han fracasado porque somos humanos, y no somos abejas obreras que puedan ser controladas desde una colmena central'.

Este problema es bien conocido por la élite actual. Su solución: bajo el falso pretexto de luchar contra un virus respiratorio supuestamente peligroso, inyectar a la gente sustancias que manipulan los genes y que

1) causan estragos en sus sistemas inmunológicos, haciéndolos totalmente dependientes de las

inyecciones de refuerzo del gobierno, y por lo tanto no se atreverán a resistir, y donde

2) contiene nanopartículas de óxido de grafeno que pueden ensamblarse en la base de algún tipo de "sistema operativo", que puede convertir remotamente a las personas en esclavos sin voluntad a través de la 5G y la IA. (Como sabes por nuestros artículos anteriores, esto no es definitivamente una teoría de conspiración de sf, sino tecnología ya desarrollada que se ha demostrado que se pone en un porcentaje significativo de inyecciones de Covid-19).

Se les quitará TODO a los ciudadanos y a las empresas

Las grandes empresas tecnológicas están alineadas con las fuerzas oscuras para cambiar este mundo y eliminar todas nuestras libertades", continuó Armstrong. 'Están cancelando nuestra libertad de expresión para suprimir cualquier sonido que se atreva a desafiar sus ideas. De hecho, se les ha prometido que llegarán a la cima, siempre y cuando ayuden a destruir el mismo país donde la libertad les permitió llegar a la cima.'

"¿Su pensamiento ha sido corrompido por el dinero, o simplemente han sido atraídos por el sueño de Schwab de que en el mundo cambiado serán la nueva élite?

Los gobiernos -a pesar de la creciente resistencia, por muy impresionante que sea a veces, como la protesta de los Camioneros en Canadá- nunca renunciarán a su poder sobre la sociedad, adquirido a través de campañas de desinformación y engaño por iniciativa propia. Mientras tanto, especialmente en Europa, los gobiernos gastan dinero como si fuera agua, porque saben que el 'Gran Reset' por defecto se acerca, y en el nuevo sistema financiero digital TODO será arrebatado a todos los ciudadanos y a las PYMES (Schwab's 'You will own nothing...'). Y por 'todo' también se refieren al control sobre tu propio cuerpo, tu salud y hasta tu propia voluntad y pensamientos.

Sin embargo, según Armstrong, el planémico de Covid para reajustar la economía mundial fracasará totalmente después de 2022, con horribles consecuencias. Los actuales gobernantes occidentales intentarán entonces mantener y reforzar su control sobre la sociedad y la economía con medidas coercitivas dictatoriales de una dureza sin precedentes. Esto amenaza con hundir a un número incalculable de personas en la pobreza y la miseria, y con hacer un número inimaginable de víctimas (debemos pensar en una reducción planificada de la población del 25% al 50% posiblemente). El colapso total se producirá probablemente entre finales de 2024 y finales de 2025.

Un trío infame que quiere sumir al mundo entero en el caos

Estos tres hombres creen que saben más que los demás", argumenta el economista.

El infame trío del "anticristo" del siglo XXI.

Armstrong: "Están destruyendo la civilización occidental. En el proceso, provocan deliberadamente el declive y la decadencia, pensando que pueden reconstruirla de mejor manera. Lamentablemente, al hacerlo, se aseguran de que China y Rusia se conviertan en las economías más fuertes gracias a estos fanáticos".

Creen que el mundo sobrevivirá sólo gracias a ellos, tal y como lo ven. Nuestro ordenador (Sócrates I.A.) ha predicho la desaparición de sus arrogantes visiones grandiosas. Serán recordados durante generaciones, como Adolf Hitler".

Como escribí una vez sobre nuestros propios políticos en 2020: Si sobrevivimos como pueblo a este Gran Golpe de Estado, los nombres de Bill Gates, George Soros y Klaus Schwab estarán malditos durante generaciones, y durante el próximo siglo nadie dará a sus hijos recién nacidos ninguno de estos nombres de pila.

Protestar por sí solo no servirá de nada

Por lo tanto, las protestas por sí solas, como el Convoy Europeo de la Libertad en Bruselas los días 7 y 14 de febrero, por muy buenas y necesarias que sean, no servirán de nada. Es más: serán utilizadas por la élite para impulsar sus objetivos con más fuerza y rapidez.

A MENOS que el "despertar" que acaba de comenzar sea seguido con la mayor urgencia por un NO activo, es decir, una resistencia pacífica masiva (ciudadanos, empresas, y preferiblemente también policías y otros funcionarios) en forma de rechazo total a cooperar con TODAS las medidas coercitivas (como los códigos QR y las "vacunas"), ignorando TODOS los devastadores dictados de Covid- y del clima, y restaurando por sí mismo una economía y sociedad libres.

Hasta ahora, vemos muy pocas señales de ese despertar tan necesario. Pero lo que no es, puede llegar todavía. Cada día que los gobernantes tengan que posponer su serie de mazazos con los que quieren hundirnos por completo, es una oportunidad para al menos retrasar, y quizás incluso detener, el terrible futuro que nos tienen reservado.

FEM: ¿un peligro para la sociedad?

La FEM no sólo quiere vacunas obligatorias, sino que ahora también quiere antibióticos obligatorios (la sociedad está siendo deliberadamente adicta y, por tanto, totalmente controlable).

En uno de sus recientes comentarios, el economista estadounidense de alto nivel Martin Armstrong llega a la misma conclusión que nosotros sacamos en 2020: El Foro Económico Mundial de Klaus Schwab, con todos sus "Jóvenes Líderes Globales" y otros fieles seguidores en la élite política de Occidente, es una amenaza para toda la civilización humana. El propio Klaus Schwab se jactó de que ya se ha infiltrado en todos los gobiernos importantes, controlando ahora Europa, Canadá, Australia y Nueva Zelanda. Ni una sola nación se ha sometido a votación para entregar prácticamente todo el poder a este marxista autoritario, que también ha conseguido que nuestro gobierno desmantele parcialmente nuestra economía y acabe progresivamente con todas nuestras libertades.

'Nos enfrentamos a un peligro claro y presente que proviene de varios jefes de Estado que están ocupados en promover la cultura de la cancelación, con el fin de suprimir cualquier oposición y cambiar el futuro de nosotros y nuestra posteridad', escribe Armstrong. 'Schwab, con su admiración por Lenin, con sus Jóvenes Líderes Globales -incluyendo a Justin Trudeau- está imponiendo sus ideas comunistas en el mundo, lo que significa que los principios democráticos y la separación de poderes del siglo XX han sido completamente socavados, y sustituidos por las teorías económicas de Schwab, de las que está abiertamente muy orgulloso'.

No permite que la gente vote sobre su sueño, y adoctrina a los líderes estatales para que impongan su agenda con un poder puramente autoritario... Vemos que los regímenes más autoritarios que suprimen los derechos del individuo están todos vinculados a Schwab, incluso Australia. Esto es una grave amenaza para el futuro de la civilización. Schwab ha conseguido convencer a la gente para que se sume a su agenda, que siempre presenta como (la creación de) la justicia y la igualdad, exactamente como Marx y Lenin".

Todo Occidente más el Vaticano bajo el control de Schwab

Incluso en la Casa Blanca consiguió hacerse con el poder; el presidente Biden bautizó su ley Build Back Better (HR 5376) con el infame eslogan del FEM, que en lo que a nosotros respecta puede escribirse más acertadamente como "6uild 6ack 6etter".

Schwab y su "club" piensan que el comunismo históricamente fracasado en todas partes y siempre funcionará si todo el mundo está controlado. Además de la UE, incluyendo los Países Bajos, el Vaticano también ha caído en esta agenda fascista; el Papa Francisco es un comunista acérrimo, cuya elección fue muy probablemente provocada por la manipulación (y presumiblemente el chantaje y la coerción directa) de la masonería y la entonces administración de Obama. El mensaje principal de Francisco, entonces, es invariablemente el "Gran Reset" de Schwab y la agenda de la vacuna climática, que, a los ojos de la autoproclamada "Santa Sede", aparentemente estaría de repente en el corazón del plan de Dios con la humanidad.

Pues bien, estoy de acuerdo con el Papa en que, efectivamente, es el plan de UN "dios" con la humanidad. Sin embargo, el nombre de este "dios" es Lucifer, también conocido como "el Diablo", Satanás, "la antigua serpiente", el Dragón, el Demiurgo, etc.

El presidente en la sombra de la UE, Soros, quiere acabar con China y Rusia

Uno de sus lacayos más conocidos y leales es George Soros, dado su enorme poder e influencia, el presidente de facto en la sombra de la UE, cuyo hijo es también un Joven Líder Global en Schwab. Soros publicó un video en el que calificó el 2022 como un año crucial para los supuestos "derechos humanos", y por lo tanto pidió el derrocamiento del gobierno chino y del presidente Xi Jinping, el presidente chino es probablemente el verdadero anticristo por lo que será interesante ver cómo se desarrolla el humo y los espejos.

Soros afirma que él y su "Sociedad Abierta" están en contra del autoritarismo, pero sólo hay que ver cómo ha conseguido desestabilizar Europa y también Estados Unidos con sus agendas de odio y división de la izquierda (empaquetadas bajo "diversidad", "Antifa", "BLM" y "defundir a la policía", entre otras), que en cierto modo han hecho que Occidente sea incluso más autoritario que China (ciertamente Canadá, Australia, Nueva Zelanda, Austria, Italia y por lo que parece también Alemania).

Soros se opone exclusivamente con vehemencia a todo lo que sea conservador, de derechas y pro-libertad. Para ello, al igual que la mayoría de los líderes occidentales y "su" UE, utiliza las tácticas del infame anarquista-satanista Saul Alinsky, acusando continuamente a sus enemigos de lo que él mismo hace, como promover el autoritarismo, engañar y mentir al público con información errónea y desinformación a través de los medios de comunicación, y la intolerancia extrema de otras opiniones y visiones.

Por cierto, 2022 es efectivamente un "año de pánico" político en el modelo de IA de Armstrong. Hay elecciones importantes en Estados Unidos (a mitad de mandato), Francia y Australia, y el mandato de Xi Jinping está llegando a su fin. Las elecciones de mitad de mandato en EEUU "son vitales para detener la infiltración de la Agenda-2030 de Schwab en EEUU....

Una secta globalista

En 2020, hablamos por primera vez de un culto globalista a las vacunas climáticas, que bastantes personas consideraron exagerado. Sin embargo, cada vez más analistas reconocen que no se trata en absoluto de una hipérbole. Incluso Roger Koops (The Brownstone Institute) compara sin tapujos al FEM y a la OMS con una "secta que ha penetrado en todo el mundo".

Koops, que pasó toda su carrera profesional trabajando en la industria farmacéutica y de vacunas y subraya que "no es un negador de Covid", escribe que los principales fabricantes Pfizer, J&J, Moderna y Astra-Zeneca estaban instando a los gobiernos a comprar sus "vacunas" contra la corona ya en febrero. Eso fue menos de un mes después de que China pusiera a disposición la secuencia genética (o la secuencia parcial)... Pensé que todo el concepto de que se desarrollaría una vacuna lista en unos pocos meses era ridículo".

Señala que nombres infames como Bill Gates (/ la Fundación Gates), Neil Ferguson y Anthony Fauci abogaban por estrategias de bloqueo hace años. Y desde 2020, ¿qué tienen en común los ejecutores de esas políticas destructoras de la libertad: Joe Biden, Boris Johnson, Jacinda Ardern, Angela Merkel, Emmanuel Macron, Justin Trudeau, Xi Jinping, Mario Draghi, Scott Morrison, (Mark Rutte y Sigrid Kaag)? 'Todos ellos están conectados con el Foro Económico Mundial... dirigido por Klaus 'no serás dueño de nada' Schwab y su familia... el origen del Great Reset y... Construir de nuevo mejor'.

La sociedad está siendo intencionadamente adicta a las vacunas y a los antibióticos

Recientemente, la FEM publicó un artículo en el que aboga por la introducción de una "suscripción" a los antibióticos, aparentemente para combatir las bacterias resistentes. 'Creo que tienen la misma filosofía que con las vacunas, que es absolutamente el enfoque con el coronavirus: seguir pagando y tomando los refuerzos... Conseguir que la sociedad se 'enganche' a una intervención, efectiva o no, y luego seguir alimentándola. Esto es especialmente efectivo si se puede mantener el miedo".

Muchas veces he hecho la comparación con la serie de ciencia ficción Star Trek - Espacio Profundo Nueve, en la que una raza alienígena hostil utiliza guerreros modificados genéticamente llamados los Jem'Hadar. Se les controla y mantiene absolutamente obedientes haciéndoles adictos a una sustancia química llamada Ketracel-blanco, sin la cual sufren terribles problemas de salud física y mental y luego mueren. El mismo concepto se está aplicando ahora a toda la población mundial con las inyecciones de manipulación genética Covid, y aparentemente se está añadiendo una adicción obligatoria a los antibióticos.

Lo que también observé en 2020 es que, desde una perspectiva empresarial, este es el modelo de ingresos más brillante de la historia. Garantiza a la Gran Farmacia billones de ingresos para siempre, y da a los gobiernos que lo imponen a sus poblaciones un poder permanente ilimitado y un control total.

La supervivencia de la humanidad está en juego

Al mismo tiempo, esta es probablemente la conspiración más diabólica jamás forjada y ejecutada contra la humanidad, una que cambiará para siempre el futuro completo y la naturaleza de la raza humana - al menos la pequeña porción a la que se le permitirá sobrevivir al ahora planeado "fin de los tiempos".

Después de la Segunda Guerra Mundial, los historiadores se han preguntado durante mucho tiempo qué habría pasado si se hubiera detenido a Adolf Hitler a tiempo. La misma pregunta puede -y debe- hacerse ahora urgentemente de nuevo sobre Klaus Schwab y su Foro Económico Mundial, porque esta vez la supervivencia de toda la raza humana puede estar en juego. ¿Queda alguna fuerza independiente en este planeta con suficiente poder y coraje para eliminar el FEM para siempre? ¿O nos dejaremos hundir colectivamente en este peor infierno de la tierra en los próximos años casi sin resistencia significativa?

¿Sigue siendo exagerado, no cree? En el contexto de "de la boca del propio monstruo", lea nuestro artículo de hace 2 días; El nuevo informe del FEM anuncia casi literalmente el sistema digital "signo de la Bestia".

¿Marca de la bestia?

La FEM quiere "externalizar" completamente tu poder de decisión a una I.A. (= un "dios" digital va a controlar, dirigir y determinar toda tu vida) - El sistema de crédito social está llegando inexorablemente: sólo se puede acceder a los servicios (como la cuenta bancaria, la asistencia sanitaria y los viajes) si muestras el "comportamiento correcto".

En el flamante informe del FEM Avanzando hacia la agencia digital, se anuncia casi literalmente un sistema digital "signo de la bestia". El FEM lo presenta como algo maravilloso: un "agente digital intermediario" pronto le quitará de las manos todas las llamadas opciones y decisiones difíciles, para que usted no tenga que preocuparse por ellas. En este escenario, un agente digital intermediario de datos (tu "representante" digital) asume el papel de tomador de decisiones.

(Su) consentimiento se automatiza... con la ayuda de la IA, el agente intermediario de datos decide de forma autónoma qué tipo de permisos de datos quiere dar alguien. Esto abre la puerta a más usos posibles de esos datos" (p. 12). El FEM admite de buen grado que aquí no sólo hay "maravillosas oportunidades", sino también "riesgos significativos".

'Esto es avanzar hacia un sistema totalmente automatizado de recogida y tratamiento de datos personales, para dejar fuera de juego las restricciones de "aviso y consentimiento" (= toda tu información personal será recogida y compartida fuera de ti con quien sea.

Así que: FIN DE LA PRIVACIDAD. Sólo hay que leer:). Se trata de un área aterradora y fantástica, y claramente no es tan diferente de un mundo en el que no hay requisitos de protección de datos y privacidad en absoluto: la diferencia es que hay un sistema, idealmente con frenos (pero no necesariamente = sin frenos), diseñado de forma centrada en el ser humano, y por lo tanto preserva las preferencias del usuario, y aplica las restricciones del usuario en consecuencia". (negrita y subrayado añadidos)

Nótese la forma en que está redactado lo siguiente: "De hecho, no hay ninguna razón por la que los agentes de la IA no puedan ser programados para ser conservadores si eso se corresponde con las preferencias del usuario". El "de hecho" y el "podría ser" simplemente indican la posibilidad tecnológica, pero mantienen claramente abierta la posibilidad de que otra opción política podría igualmente hacerse para NO darle esa voz (más).

De hecho, teniendo en cuenta lo que se ha introducido y anunciado en los últimos años en el ámbito de los datos -pensemos especialmente en el código QR y en la ya decidida próxima identidad digital de la UE-, podemos concluir con seguridad que la posibilidad de que los gobiernos, en cooperación con las grandes empresas tecnológicas, las grandes farmacéuticas y los grandes bancos, decidan por ti y por mí cómo se programará "tu" IA y cómo tratará tus datos, es del 100%.

Un "intermediario" digital que toma decisiones por usted

En la página 9 se dice que tus datos personales se almacenarán en una "caja fuerte". Tu intermediario de datos (digamos, el "intermediario" digital o "copia" de ti mismo que toma las decisiones por ti) te "asesorará" entonces sobre el uso de tus datos, "incluyendo el seguimiento de quién está usando esos datos y con qué propósito". Así que usted sigue teniendo el "derecho" de ver quién ve esos datos y por qué, pero no de determinar QUÉ es o no es. Hay una posibilidad muy real de que esa "bóveda" se convierta pronto en obligatoria, y que sin esa identidad digital ya no puedas hacer nada en absoluto.

Una de las formas en que se utilizarán tus datos personales es para "tener un impacto social, como contribuir a la investigación académica o científica". Pues bien, a la vista del gigantesco fraude de la falsa ciencia en el ámbito del "cambio climático" del CO2 y de la pandemia/inyecciones de Covid, es de suponer que los que tengan las creencias políticas "equivocadas", y/o los que se nieguen a las inyecciones obligatorias y a las medidas "climáticas" serán muy fácilmente calificados en los informes "científicos" como un "peligro" para la sociedad, lo que será utilizado por los políticos para contener o incluso eliminar esos "peligros".

Su "dios" digital personal

Así que la conclusión es que vas a tener una especie de "dios" digital personal que va a tomar todas las decisiones importantes por ti, porque basándose en todos tus datos personales, ese "dios" sabría exactamente lo que quieres y necesitas, y cuándo y dónde. ¿Y lo más "tranquilizador" de todo este asunto? A lo largo del informe, se asume automáticamente que el gobierno va a controlar totalmente cualquier aspecto de este proceso, este "dios", y por lo tanto a TI.

Por supuesto, estos gobiernos, siempre tan "fiables", compartirán automáticamente su información con otras partes, según ellos fiables, como los ministerios, la UE, la FEM, la CIA, la AIVD y otros servicios de inteligencia, por nombrar sólo algunos. Al fin y al cabo, seguro que quieres estar "seguro". Entonces sí que necesitamos un control ilimitado sobre TODOS sus datos. ¿Seguro que no tiene nada que ocultarnos? Porque, de lo contrario, podría ser visto como una "amenaza".

Basta con leer lo que dice en la página 16: "Un organismo público o una agencia gubernamental podría asumir el papel de intermediario, especialmente cuando se trata de datos procedentes de organismos públicos.... Sin embargo, que un organismo público pueda calificarse de "fiable" en un país determinado dependerá del papel que desempeñe el gobierno y de su grado de control, acceso y uso de las leyes de vigilancia (seguimiento) y las tecnologías relacionadas.

Coacción legal

Por si este mensaje no fuera suficiente -se entiende la idea: "más control = más fiabilidad y seguridad"-, se añade también que si no se confía en el sistema, en el gobierno y en sus intenciones subyacentes, no se puede hacer un uso activo del mismo, salvo bajo "la fuerza de la ley". En este contexto se habla también de un "superintermediario" que debería permitir compartir ampliamente los datos entre varios participantes transfronterizos. Esto supondrá una cantidad de datos tan enorme que sólo podrá ser procesada por una especie de super-AI.

Hemos tenido más que suficientes experiencias negativas con la "fuerza de la ley" al menos desde 2020 (encierros, tapones en la boca, distanciamiento social, código QR), a lo que se añadirá un DNI europeo (/QR) a finales de este año, y la expansión paso a paso por toda la UE de las "vacunas" obligatorias bajo la coacción de elevadas sanciones, como está ocurriendo ahora en Austria, la patria del infame fascista del bigote, cuya oscura mente está evidentemente haciendo un gran regreso.

En la página 26, un estudio de caso se centra en el TDA (Trusted Digital Agent) "Valexander", que se anuncia como "amigable y fiable". En él se afirma literalmente que sólo el intercambio de "algunos datos sensibles o cruciales" requerirá una interacción humana directa, es decir, su consentimiento. Pero, ¿quién va a determinar qué datos personales reciben esa clasificación? Según todos los indicios, en última instancia será la propia TDA, impulsada por la IA general y, por supuesto, la aportación de los gobiernos.

En otras palabras, el poco "consentimiento personal" que le queda sólo se ha añadido porque sí, así que, efectivamente, al igual que las elecciones en los Países Bajos, se supone que mantienen la apariencia de una "democracia parlamentaria".

Todo estará vinculado a tu identificación digital

Tu" documento de identidad digital estará vinculado a TODO: la asistencia sanitaria (incluidos los seguros), los servicios financieros (como el acceso a tus cuentas bancarias), la alimentación y la sostenibilidad, los viajes y la movilidad (= pasaporte, compra de billetes), la respuesta humanitaria ("para acceder a los servicios y mostrar las cualificaciones para trabajar en el extranjero"), el comercio electrónico (para almacenar y pagar en línea), las plataformas sociales, la administración electrónica (incluido el voto, lo que significa que las elecciones pasan a ser digitales y ya no se puede confiar en el resultado) y las telecomunicaciones.

Las telecomunicaciones incluyen el acceso a Internet, el uso de su teléfono inteligente y -notablemente- la supervisión de (sus) dispositivos y sensores para su uso de energía, la calidad del aire y la congestión del tráfico. Esto significa que tu smartphone estará constantemente conectado a la red digital general, que, por ejemplo, verá en tiempo real si estás en un atasco, y así sabrá 24/7/365 dónde estás y a dónde vas. Y si todo va bien, es consciente de que su smartphone no tiene que estar encendido para ello.

Incrustado en tu cuerpo

¿Smartphone? Seguro que hay una forma mucho mejor y más fiable de hacer que dependa de si lo llevas o no en el bolsillo. ¿Por qué no hacer que sea un chip (nano) inyectado en el c.q.? De ese modo, tu propio cuerpo se convierte en tu identificación y tarjeta de pago en uno.

El informe del FEM también lo menciona: Tu perfil digital "puede contener características de datos inherentes (como la biometría)(= características físicas), o características asignadas (como nombres o números de identificación nacional)". Una vez que esta identificación digital esté establecida, también incluirá su comportamiento de compra y médico, además de sus "evaluaciones y decisiones" basadas en su perfil y comportamiento ("un banco decide el atractivo de un individuo para un préstamo"). Se trata nada menos que del sistema de crédito social implantado en China.

Bajo el título "Futuro" (pg.23) se habla literalmente del "siguiente nivel de intermediarios de datos ("incrustados en tu cuerpo" = incrustados en tu cuerpo, dispositivos, casas, ciudades, etc.)". Por supuesto, entre ellos se encuentran los "pasaportes de vacunas" (pg.24, recuadro 4), que nadie quería: "Estos pasaportes, por su propia naturaleza, sirven como una forma de identidad digital". Se reconoce que los datos sanitarios personales son sensibles, pero que "los datos de las vacunas son un activo inimaginable para la salud pública... En estos casos, la notificación y el consentimiento (del usuario) no son necesariamente necesarios para reutilizar los datos...'

Schwab en 2016: "Esto va a ocurrir absolutamente dentro de 10 años

En una entrevista en la televisión francesa en 2016, Schwab predijo que todo esto "va a suceder absolutamente en los próximos 10 años", comenzando con (nano)chips en nuestros dispositivos y ropa, y luego "en nuestros cerebros o en nuestra piel. Y con el tiempo, tal vez la comunicación directa entre nuestros cerebros y el mundo digital".

Vemos una especie de fusión de los mundos físico, digital y biológico".

Para los lectores habituales, nada de esto es nuevo. Al fin y al cabo, llevamos años escribiendo sobre esto.

El posible uso de 'vacunas' (eventualmente obligatorias) para construir el sistema de 'signo de la Bestia' EN tu cuerpo, de modo que renunciarás a tu libre albedrío en TODAS las áreas y ya no serás capaz de resistir a este 'dios' de la I.A. en ciernes, ya lo predijimos en 2009.

¿Sistema de Creación de la Bestia completado en 2025?

117

Recuerden que en 2019 se decidió acelerar esta agenda, que se suponía que se realizaría en 2030, a 2025 ("El Acelerador"). Esto se hizo muy probablemente porque el despertar global de que estamos tratando con la agenda más oscura, antihumana y francamente diabólica jamás vista aquí está sucediendo más rápido de lo que los globalistas del FEM habían tenido en cuenta.

Es de suponer que otros factores habrán influido, como la obstrucción de Rusia y China, y el rápido deterioro de la posición financiera y económica de Europa.

Conclusión: el FEM está haciendo todo lo posible para que el "sistema de la Bestia" se complete en 2025. Teniendo en cuenta los aterradores desarrollos geopolíticos, ciertamente no es inconcebible que el año 2025 se adelante aún más (2023-2024) por medio de una serie de grandes guerras -planificadas o no- (Ucrania-OTAN/Rusia, China/Taiwán, Israel/Irán, India/Pakistán), colapsos financiero-económicos, grandes trastornos en el suministro de energía y alimentos causados por la "política climática".

¿Campos de reeducación?

Los "campos de reeducación" chinos como ejemplo: "Los musulmanes salen más contentos de allí" - La libertad de expresión muere, incluso en Occidente

Según el Joven Líder Global del Foro Económico Mundial, Wang Guan, un destacado periodista político de un canal de propaganda estatal chino en Estados Unidos, los opositores al "Gran Reajuste" de Klaus Schwab serán internados en "campos de reeducación" sólo hasta que abandonen las nociones "anticuadas" de libertad y nacionalismo (y, en algunos países, el derecho a portar armas). Y, sospechamos, se les pondrá un número ilimitado de inyecciones en sus cuerpos, a través de las cuales se les vinculará gradualmente a una red global de I.A. transhumana.

El FEM, como sabemos, busca "la abolición de la propiedad privada, un objetivo que se resume en el polémico 'no poseerás nada y serás feliz'", como reitera la reportera de investigación Natalie Winters (National Pulse), que persigue un gobierno mundial comunista totalitario.

Verdaderamente en todas partes, el miserable Foro Económico Mundial ha metido sus garras. Por ejemplo, el "periodista llorón" que estuvo a punto de exigir a Boris Johnson y a la OTAN que acudieran en ayuda militar de Ucrania, iniciando así la Tercera Guerra Mundial contra Rusia, también parece ser un Líder Global del FEM (2019) (además de partidario de la campaña de Joe Biden).

Los musulmanes se alegran de salir de los campos de reeducación

En un breve vídeo ("Punctuating Western double standards about Xinjiang"), Wang, uno de los 112 Jóvenes Líderes Mundiales seleccionados por Schwab, señala el "éxito" de los campos de reeducación chinos para los musulmanes uigures. Wang visitó Xinjiang y habló con los uigures de allí, todos los cuales rechazaron las acusaciones internacionales de que el gobierno chino estaba cometiendo un genocidio contra ellos.

54 países, la mayoría de ellos de mayoría musulmana, defendieron las actividades antiextremistas de China en Xinjiang. Elogiaron a China por sus políticas de desarrollo en la zona y por 'cuidar de sus habitantes musulmanes'", explicó. Y probablemente tengan razón".

En el vídeo aparecen varios musulmanes que tuvieron que pasar meses en un campo de reeducación de este tipo. Allí aprendieron todo tipo de nuevas habilidades, por lo que ahora trabajan en diversos sectores. Una de ellas es Rukiya Yakup, de 26 años, que estuvo encarcelada 10 meses y durante ese tiempo estudió mandarín y ventas. Ahora es una agente inmobiliaria que gana más de 8.000 yuanes al mes (muy por encima de la media local). Ahora me siento más feliz", dice Yakup. Y tengo unos ingresos considerables".

La libertad de expresión está muriendo, incluso en Occidente

La libertad de expresión, antaño tan sagrada en Occidente, está muriendo para dar paso a la ideología de la OMS/WEF, la única "opinión" que pronto se permitirá tener. Por ejemplo, en Estados Unidos ahora puedes ser señalado como "extremista" si crees que las elecciones fueron robadas, o si dudas de la narrativa oficial de Covid. El gobierno estadounidense destina la friolera de 2.600 millones de dólares a programas que difunden la "desinformación" y el "odio

Y "odio", en estos días, es simplemente tener cualquier opinión disidente, como apoyar a Rusia en sus operaciones militares contra el régimen neonazi ucraniano. Libertad de expresión", pero no para ver sitios web rusos como RT, porque son bloqueados uno a uno por los servicios de inteligencia occidentales.

También en nuestro propio país hay muchos ejemplos, como la condena y el bloqueo de la revista "Gezond Verstand" del ex periodista holandés Karel van Wolferen. Recientemente, la editorial Mediahuis Noord prohibió los anuncios de Forum voor Democratie en todos los periódicos y revistas. En cualquier caso, las opiniones discrepantes no se hacen en los medios de comunicación convencionales, a menos que se pongan deliberadamente en el punto de mira con el único propósito de socavarlas o incluso ridiculizarlas.